VIE DU BIENHEUREUX

J.-B. DE LA SALLE

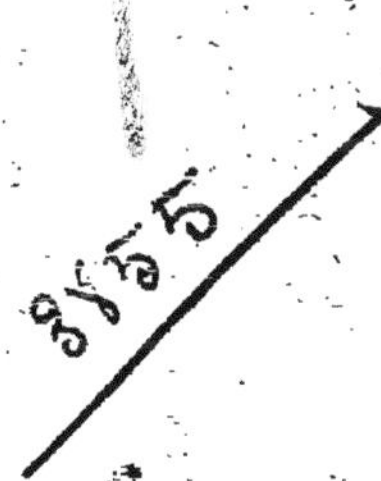

In-8° 4e série.

LE BIENHEUREUX J.-B. DE LA SALLE

VIE DU BIENHEUREUX

J.-B. DE LA SALLE

FONDATEUR ET PREMIER SUPÉRIEUR

DES FRÈRES DES ÉCOLES CHRÉTIENNES

Par J.-M. A.

MISSIONNAIRE APOSTOLIQUE

Ouvrage orné de gravures.

PARIS

rue des Saints-Pères, 30

J. LEFORT, IMPRIMEUR, ÉDITEUR

A. TAFFIN-LEFORT, SUCCESSEUR

rue Charles de Muyssart, 24

LILLE

IMPRIMATUR.

Camerenci, die 8a Januarii 1893.

A. SUDRE,

P. C. M. SUP.

PRÉFACE

Le 19 février 1888, le pape Léon XIII, en plaçant sur les autels le Bienheureux Jean-Baptiste de la Salle, rappelait à l'univers catholique combien est sublime la mission de ceux qui se dévouent à l'éducation de l'enfance, combien est magnifique la récompense qui les attend. « Ceux qui enseignent le peuple, *disait-il avec nos saints Livres*, brilleront pendant l'éternité comme les étoiles du firmament. »

Hélas! au moment même où le Vicaire de Jésus-Christ *glorifiait la vie et les œuvres de l'admirable Instituteur des Frères des Écoles chrétiennes, des hommes qui se posent en amis du peuple bannissaient des écoles officielles les religieux et les religieuses, les éducateurs du peuple par excellence.*

Qu'en est-il résulté? L'enseignement sans Dieu *a déjà produit de tels ravages dans les âmes, que les pouvoirs publics eux-mêmes en sont épouvantés. L'armée grossissante du crime menace de tout détruire; la marée montante du vice menace de tout envahir.*

« Si la société humaine doit être guérie, nous dit Léon XIII, elle ne le sera que par le retour à la vie et aux institutions du christianisme. » C'est pourquoi il a voulu mettre en lumière les leçons et les exemples du Bienheureux comme un remède aux maux de notre époque, et donner aux œuvres d'enseignement un céleste patronage, un puissant secours.

Puisse cette Vie du Bienheureux Jean-Baptiste de la Salle *contribuer à dissiper les préjugés de ceux qui chassent* Dieu *de l'école, et à stimuler le zèle de ceux qui amènent les enfants à* Jésus *leur meilleur ami, à ce* Jésus *qui nous dit à tous avec une tendresse ineffable :* Laissez venir a moi les petits enfants !

VIE DU BIENHEUREUX

JEAN-BAPTISTE DE LA SALLE

I

Naissance du Bienheureux, ses premières années.

1651 — 1662

Le Bienheureux de la Salle naquit à Reims, le 30 avril 1651, d'une famille chrétienne et justement recommandable. Il fut le premier fruit dont le ciel bénit le mariage de Louis de la Salle, conseiller du roi au présidial de Reims, avec Nicole Moët de Brouillet.

Baptisé le jour de sa naissance, il reçut le nom de Jean-Baptiste. Sa vie devait être innocente et pénitente comme celle de son saint patron.

Dès sa plus tendre enfance, il donna des indices certains qu'il était né pour le ciel. Les saints noms de Jésus et de Marie furent les premiers qu'il prononça distinctement. Sa mère, dont la piété égalait la tendresse, s'appliqua à le former à la vertu.

Lorsqu'il eut atteint l'âge de raison, on vit se développer en lui les belles qualités dont le ciel avait orné son âme. D'un caractère ouvert et aimable, il montra de bonne heure un goût prononcé pour la piété. La prière fit ses seules délices, la lecture des bons livres sa seule distraction. Il se plaisait à élever, dans les parties les plus solitaires de la maison paternelle, de petits oratoires, à les orner de fleurs, soigneusement renouvelées selon les saisons ; à les décorer de saintes images et de pieux reliquaires ; là il priait, il chantait des cantiques, il imitait avec dévotion les cérémonies de l'Église.

Les amusements du monde n'avaient pour lui aucun charme : là où les enfants de son âge éprouvaient des sentiments de plaisir et de vanité, lui ne trouvait qu'une sainte [illegible]. Un jour, sa famille s'était rassem-[illegible] pour une fête ; on s'y livra au plaisir de [illegible] et à d'autres divertissements. Cette [illegible] bruyante attrista le jeune de la Salle ; il [illegible] à l'écart sa grand'mère et se fit lire [illegible] elle la *Vie des Saints*. Au reste, l'en-[illegible] prédestiné aimait passionnément ce [illegible] incomparable, et sa mère lui en faisait [illegible] cesse la lecture.

Quand il sortait de la maison, c'était pour [illegible] visiter le Seigneur dans ses temples : [illegible] toujours là que le portait son cœur ; et [illegible] plus grand plaisir, comme sa plus douce [illegible]compense, était qu'on voulût l'y conduire. Sa piété, dans l'église, semblait celle d'un [illegible] : il ne sortait de son recueillement que [illegible] prendre garde à ce qui se passait à [illegible]autel. Il remarquait tout, et il ne manquait [illegible], au retour, de faire des questions sur ce [illegible] il avait vu. Bientôt l'envie de servir lui-même à l'autel, fonctions que les anges doivent nous envier et dont tant de chrétiens ne savent pas apprécier l'honneur, lui fit apprendre la manière de répondre à la messe ; il s'acquitta dès lors de cette action avec une foi si vive et un amour si tendre, que tous les assistants en étaient touchés et ravis. Cette piété simple et douce le rendait appliqué à ses devoirs, docile envers ses parents, affable envers tout le monde.

Prévenu de tant de grâces, le jeune de la Salle s'appliqua à l'étude des lettres humaines, d'abord à la maison paternelle, puis à l'Université de Reims. Il y fit bientôt de grands progrès. Il faisait la joie de ses maîtres, qui le voyaient croître tous les jours en sagesse et en science; et il devint pour ses condisciples un modèle de vertu.

Sa piété, loin de s'affaiblir, s'affermissait de plus en plus, et le rendait attentif à tous ses devoirs.

Son grand'père maternel, suivant une coutume qui à cette époque était encore répandue parmi les laïques, récitait tous les jours le bréviaire; il enseigna cette pratique au jeune de la Salle, et l'enfant y trouva tant de plaisir qu'il en prit l'habitude, même avant d'avoir reçu la tonsure, et la conserva toujours.

Cette fidélité au service de Dieu, ce goût pour les pratiques de dévotion et les cérémonies de l'Église, étaient des signes de vocation. Ses parents les aperçurent ; mais ils se gardèrent bien de les contrarier, car ils étaient profondément chrétiens. Aussi, des sept enfants que Dieu leur accorda, quatre purent sans obstacle se consacrer à la vie religieuse ou à l'état ecclésiastique. C'est une noble récompense et un avant-goût du ciel.

II

Sa vocation. — Le pieux chanoine de Reims.

1662 — 1670

M. Louis de la Salle, s'estimant heureux des qualités de son fils, avait fondé sur lui ses plus chères espérances et le regardait comme devant être l'honneur de sa maison et le soutien de sa famille. Jean-Baptiste possédait, en effet, tout ce qu'on peut souhaiter dans le monde pour s'y faire estimer : un air noble et gracieux, beaucoup d'esprit et de pénétration, un bon sens admirable, la noblesse, la fortune, une éducation distinguée ; mais, par une sagesse prématurée, il savait apprécier les biens de ce monde à leur juste valeur.

Son père voulait faire de lui un honnête homme, un magistrat intègre ; DIEU voulait en faire un saint. Le jeune de la Salle écouta sa voix, et y fut docile. Il déclara à ses parents qu'il se sentait une vocation irrésistible à l'état ecclésiastique. Ceux-ci n'avaient aucune répugnance pour le sacerdoce ; ils regardaient même comme un grand honneur que DIEU voulût appeler à son service un de leurs enfants ; mais ils eussent voulu que ce ne fût pas leur aîné.

Cependant monsieur et madame de la Salle n'eurent garde de mettre obstacle à l'esprit de DIEU qui soufflait sur cet enfant ; ils surent renoncer généreusement aux désirs qu'ils avaient formés dans leur cœur, et ils firent au Seigneur un sacrifice d'autant plus agréable qu'il leur était plus sensible.

Jean-Baptiste reçut leur consentement avec joie et reconnaissance. On le vit dès lors plus recueilli qu'auparavant ; il redoubla ses prières, et supplia la sainte Vierge de le présenter elle-même à son Fils et de lui obtenir la grâce d'être un digne ministre des autels.

A onze ans, il entra dans la cléricature et reçut la tonsure des mains de Mgr Maleveau, évêque d'Aulone, dans la chapelle du palais archiépiscopal de Reims, le 11 mars 1662.

« Comprenant dès lors parfaitement les obligations qu'entraîne cette vocation à l'héritage du Seigneur, dit le Pape Léon XIII, en parlant de notre Bienheureux, il embrassa un genre de vie où chacun put voir comme l'annonce de la singulière perfection de vertu qu'il devait atteindre dans la suite.

» A quel point le fit estimer une vie si saintement réglée, on peut le conjecturer de ce fait qu'un archidiacre, voulant se démettre du bénéfice dont il jouissait dans l'église métropolitaine avec le titre de chanoine, fit spontanément choix de Jean-Baptiste pour le résigner en sa faveur. » Cet homme de grande science et de profonde piété, était Pierre Dozet, ancien vicaire-général, archidiacre de Champagne, chanoine depuis cinquante-trois ans. Il avait remarqué, à l'Université, les heureuses dispositions du jeune de la Salle. Il pensa que l'Église de Reims n'aurait qu'à se féliciter de ce choix. Il donna donc sa démission en 1666. Le Bienheureux lui succéda le 17 janvier 1667. Il n'avait pas encore seize ans.

Pierre Dozet connaissait la piété et la vertu du jeune chanoine, mais il savait aussi que cette dignité prématurée n'était pas sans péril : « Mon petit cousin, disait-il au Bienheureux, souvenez-vous qu'un chanoine doit être comme un chartreux, et passer sa vie dans la solitude et la retraite. » Le jeune de la Salle n'oublia jamais ce conseil : il ne sut voir dans sa charge que de nouveaux devoirs à remplir. Il fut régulier à l'office, fidèle à la prière, assidu au travail. Et, selon l'expression du Pape Léon XIII, « il devint l'ornement et le modèle de ses collègues. »

Il se prépara d'abord à recevoir les quatre ordres mineurs. Le siège de Reims étant alors vacant, le Bienheureux fut ordonné par Mgr Charles de Bourbon, évêque de Soissons, le 17 mars 1668.

Chaque nouveau titre était pour Jean-Baptiste de la Salle une source d'obligations nouvelles et de devoirs plus élevés. A mesure qu'il s'engageait davantage dans le service de Dieu, il sentait la nécessité de s'en rendre plus digne. Comme chanoine, il devait être instruit des sciences divines ; aussi va-t-il reprendre ses études avec plus d'ardeur que jamais.

III

Ses études à Saint-Sulpice. — Il perd sa mère et son père.

1670 — 1672

Le Bienheureux termina à Reims son cours de belles-lettres, et fit les deux années de philosophie nécessaires pour obtenir le grade de maître ès arts, qu'il reçut en 1669 avec la plus grande distinction. Ce n'était là qu'un acheminement vers le doctorat. Son père voulut qu'il poursuivît ses études à Paris.

Jean-Baptiste obéit ; mais il craignit que le séjour d'une si grande ville ne lui devînt funeste. Il savait que les occasions d'y commettre le mal sont si fréquentes, les mauvais exemples si séduisants, qu'il est bien difficile de n'y pas oublier en peu de temps, les meilleures résolutions. Il désirait en outre faire de nouveaux progrès dans la vertu, acquérir le véritable esprit de l'état ecclésiastique.

Pour éviter ces dangers et pour jouir de ces avantages, il demanda et obtint qu'il serait placé au séminaire si florissant de Saint-Sulpice. M. Tronson, regardé comme l'un des oracles du clergé et de son temps, était alors à la tête de cette école de science et de vertu, et M. Baüyn, prêtre très éclairé dans les voies spirituelles, en était le premier directeur. Sous la conduite de deux hommes si remplis de l'esprit de Dieu, un jeune ecclésiastique aussi bien disposé que l'était notre Bienheureux ne pouvait manquer de marcher à grands pas dans la voie de la sainteté.

M. de la Salle était entré à Saint-Sulpice le 18 octobre 1670, et son nom se lit encore aujourd'hui sur le registre d'admission de cette époque, où il est inscrit en ces termes : « Jean-Baptiste de la Salle, acolyte et chanoine de Reims. » Il y passa un an et demi.

On ne tarda pas à se féliciter de posséder un tel sujet ; sa modestie avait prévenu en sa faveur, ses manières pleines de douceur et de cordialité lui gagnèrent tous les cœurs. Ses compagnons d'étude trouvèrent en lui un ami d'une humeur toujours égale et d'une complaisance qui n'avait d'autres bornes que la régularité et le bon ordre. Mais ce qui lui assura surtout leur estime et même leur vénération, ce fut sa ponctuelle obéissance à tout ce qu'on lui prescrivait, sa fidélité à observer les moindres règlements, son exactitude aux exercices de la communauté, sa patience et sa charité à supporter les défauts d'autrui, sa profonde humilité qui lui dissimulait le bien qu'il faisait et qui le rendait aveugle sur ses bonnes qualités. Un de ses maîtres nous a laissé ce témoignage : « Sa conversation a toujours été douce et honnête. Il ne m'a jamais paru avoir mécontenté personne, ni s'être attiré aucun reproche. »

Dieu se plait à faire passer les âmes qui lui sont chères par le creuset de la souffrance. Les tribulations ne tarderont pas à venir.

Le Bienheureux allait subir l'examen pour la licence lorsque de douloureux événements vinrent interrompre le cours de ses études.

Il perdit sa mère le 20 juillet 1671, et cette mort lui causa une peine profonde. Il ne trouva de consolation que dans la prière, et de soulagement que dans une humble résignation à la volonté de DIEU. Retiré dans son oratoire, prosterné aux pieds de JÉSUS crucifié, il laissa couler ses larmes en abondance; puis, donnant une direction plus pure à ses pensées, il porta toute sa sollicitude sur les besoins présents de celle dont le bonheur éternel le touchait si vivement: « Seigneur, répéta-t-il plusieurs fois, vous savez combien la mère que j'ai perdue m'était chère! Si j'ai eu le bonheur de mériter quelque grâce de votre miséricorde, ah! je vous en conjure, ayez pitié de son âme, et placez-la dans le lieu de votre repos éternel! »

Quelques mois plus tard, un second malheur non moins grand que le premier vint mettre sa patience à une nouvelle épreuve: il apprit que son père était mort, le 9 avril 1672. Plusieurs raisons contribuèrent à lui rendre cette perte sensible. Il avait pour son père le plus vif attachement. D'un autre côté, ses frères et ses sœurs, devenus orphelins, avaient besoin de quelqu'un qui veillât sur leur éducation et sur leurs intérêts. C'était lui naturellement que ce soin regardait, et il fut obligé de rentrer dans la maison paternelle dont il était devenu le chef. Il quitta donc le séminaire de Saint-Sulpice pour revenir à Reims, le 19 avril 1672.

IV

Sa préparation au sacerdoce. — Le saint prêtre.

1672 — 1678

Le Bienheureux était alors âgé de vingt et un ans. Le soin de ses affaires domestiques et la tutelle de ses frères et sœurs lui firent une loi de s'arracher à lui-même pour se consacrer à des êtres si chers. Le fardeau était pénible. Il le supporta avec empressement, avec intelligence, avec énergie; il montra de bonne heure cette persévérance qui vient à bout des tâches les plus difficiles.

Cependant, au milieu de tous les tracas

qu'amènent nécessairement les intérêts temporels, il ne perdit pas de vue sa sainte vocation. Sa ferme résolution était de se consacrer à Dieu; mais il ne voulut pas, dans une affaire si importante, s'en rapporter à ses propres lumières. Il se mit sous la direction d'un chanoine plein de vertu et d'expérience, M. Roland. C'était un homme pieux, éclairé, très détaché du monde, aimant la pauvreté, l'humiliation, la pénitence. Celui-ci ne tarda pas à reconnaître la voie à laquelle était appelée l'âme qui s'adressait à lui. Il lui conseilla de répondre sans retard à la grâce.

Jean-Baptiste de la Salle se prépara avec le plus grand soin à recevoir les saints ordres : « Peut-on être jamais assez préparé, disait-il, aux fonctions du sacerdoce? Une charge redoutable aux anges mêmes, une dignité dont le poids a paru accablant aux plus saints personnages, ne doit-elle pas faire reculer un pécheur tel que moi? » Et il ajoutait, en répétant les paroles qu'avait coutume d'adresser à ses disciples le saint fondateur de Saint-Sulpice : « Il faut être aveugle pour se présenter à la prêtrise :

aveugle ou par les ténèbres du péché et des passions, ou par une obéissance simple et qui ne sait point raisonner. » Il fallût, en effet, que le saint jeune homme se laissât conduire comme un aveugle par son directeur pour que son humilité consentît à la prêtrise.

D'après l'avis de son directeur, le Bienheureux partit pour Laon, afin de se lier irrévocablement au Seigneur. L'ordination n'eut pas lieu, non plus qu'à Noyon, où il se rendit ensuite, et il dut aller jusqu'à Cambrai, où il reçut le sous-diaconat, la veille de la Trinité de l'an 1672.

De retour à Reims, il régla sa vie de manière à ne rien laisser à l'imprévu. Le lever et le coucher, la prière et le travail, les récréations et les repas se faisaient aux mêmes heures et duraient toujours le même temps. Cette vie humble et cachée devait durer six ans ; mais elle ne fut point stérile. Le Bienheureux reprit ses études. Il aurait voulu, dans ce but, retourner à Paris ; mais la nécessité où il était de veiller à l'éducation de ses frères et de ses sœurs ne le lui permit pas. Il resta donc à Reims, et suivit assidûment le cours de la Faculté de théologie; il prit ses grades jusqu'à la licence, donnant à la prière et aux bonnes œuvres tout le temps que le travail lui laissait.

Ce fut en 1677 que Jean-Baptiste reçut le diaconat, à Paris, des mains de Mgr Letellier, archevêque de Reims.

Et l'année suivante, le 9 avril 1678, il fut ordonné prêtre par le même Mgr Letellier, dans l'illustre métropole de Reims. Il avait alors vingt-sept ans.

L'air de sainteté qu'on remarqua en lui, la première fois qu'il offrit de ses mains la céleste Victime, ne le quitta plus désormais; il suffisait de le voir à l'autel pour croire à la présence réelle de Notre-Seigneur. Il y recevait tant de lumières qu'on l'attendait au sortir de l'église pour le consulter. Mais quelquefois il était hors d'état de communiquer avec les hommes : rempli de Dieu qu'il portait dans sa poitrine, intimement uni à cet Hôte divin, il avait à peine l'usage de ses sens.

Lorsqu'il était malade, il trouvait souvent dans sa ferveur des forces inattendues et peut-être surnaturelles. Plus d'une fois on le vit se lever de son lit de douleur, malgré l'avis des médecins, et se faire traîner pour ainsi dire à l'autel, pour s'y nourrir du Pain des forts. Souvent aussi, après la communion, il tombait en extase : son âme ravie en DIEU y puisait le mépris du monde et la force de lui résister.

Le jeune prêtre remplissait avec une régularité parfaite les obligations de son canonicat. Il était assidu à l'office; il donnait de longues heures à l'oraison et à l'étude ; il s'acquittait avec zèle des autres devoirs de son état. Mais DIEU avait d'autres vues sur ce serviteur fidèle. Nous verrons comment la divine Providence l'amènera à se consacrer au service du prochain par les travaux les plus pénibles, jusque dans les dernières années de sa vie.

V

Les commencements de son Œuvre.

1679

M. Roland, le vertueux chanoine que le Bienheureux avait pris pour directeur de sa conscience, consacrait sa vie à l'éducation des enfants pauvres; il avait même fondé une communauté de Filles de l'Enfant-Jésus, pour l'instruction des orphelines et des enfants de leur sexe. Sur le point de mourir, il la recommande à son fils spirituel, en lui prédisant, sans doute par une inspiration d'en haut, qu'il aura la gloire d'établir les véritables écoles chrétiennes. Jean-Baptiste de la Salle accepte courageusement la charge qui lui est laissée par son vénérable ami, et il parvient à consolider l'œuvre des Sœurs du saint Enfant-Jésus en la faisant reconnaître par l'autorité ecclésiastique et par l'autorité séculière.

A la même époque, un saint religieux, le P. Barré, de l'Ordre des Minimes, s'occupait beaucoup, à Rouen, de l'instruction des petites filles nées de parents pauvres. Il avait aussi formé le plan d'un établissement de maîtres d'écoles gratuites pour les garçons qu'on laissait sans éducation; mais il y rencontra tant d'obstacles qu'il ne put les vaincre. Une dame noble et riche, Mme de Maillefer, célèbre par sa vie coupable et scandaleuse, et plus célèbre encore par sa pénitence extraordinaire, s'intéressait vivement à cette entreprise. Elle aimait surtout à fonder des écoles chrétiennes et gratuites. En ayant déjà établi une pour les filles à Darnetal, et voyant les fruits de bénédiction que produisait cette école, elle résolut d'en établir une semblable à Reims, sa ville natale, pour les garçons.

Il y avait alors à Rouen un pieux laïque qui, pendant toute sa vie, s'était occupé des enfants pauvres : c'était M. Adrien Niel. De l'avis unanime, il était jugé le plus capable de fonder des écoles à Reims, puisqu'il en avait établi à Rouen. Doué d'un caractère entreprenant, il accepta les offres de Mme de Maillefer, qui s'engagea par écrit à lui donner tous les ans cent écus de pension pour pourvoir à sa subsistance et à celle d'un petit garçon de quatorze ans qu'il emmenait avec lui.

Un jour, notre Bienheureux se présente à la porte de la supérieure des Sœurs de l'Enfant-Jésus. Un étranger frappe en même temps que lui. Il arrive de Rouen ; il est porteur de lettres pour la supérieure, qu'il désire entretenir d'une affaire importante.

Le Bienheureux le laisse entrer avant lui, et, quelques moments après, la supérieure le mande et le prie d'assister à l'entretien. L'inconnu était M. Niel. Mme de Maillefer lui avait remis des lettres de recommandation : une pour le chanoine de la Salle, dont elle était parente, et une autre pour la supérieure des Sœurs de l'Enfant-Jésus.

Le Bienheureux écouta avec un grand intérêt les projets de M. Niel ; mais d'un coup d'œil il en devina, il en vit les difficultés. Tout en approuvant l'entreprise, il ne savait comment la faire réussir. « Venez chez moi, dit-il à M. Niel. Vous pourrez y passer huit jours. Vous aurez le temps de réfléchir, d'arranger vos desseins. Vous ferez ensuite le pèlerinage de Notre-Dame de Liesse que vous avez projeté, et, au retour, vous tenterez l'ouverture d'une école. »

M. Niel accepta l'hospitalité qui lui était si gracieusement offerte.

Cependant le Bienheureux consultait Dieu, son guide en toutes choses. Se défiant de ses propres lumières, il réunit les hommes les plus éclairés et les plus vertueux en qui il avait mis sa confiance, et les

NOTRE-DAME DE LIESSE

pria d'examiner ensemble la nature de la proposition qu'on lui faisait, de donner leur avis sur la manière d'agir la plus convenable, afin de conduire l'entreprise à un heureux succès.

Le plan qui prévalut fut de commencer par établir une école sous les auspices et la protection d'un des curés de la ville, afin d'éviter par là les difficultés qu'on aurait pu rencontrer en adoptant une autre marche. Le Bienheureux fut prié d'en parler à M. Dorigny, curé de Saint-Maurice. Il se trouva que M. Dorigny songeait à établir des écoles gratuites dans sa paroisse, quand on vint lui proposer l'argent pour les soutenir et l'homme pour les réaliser. Il reçut dans sa maison M. Niel et le jeune compagnon qui l'assistait, et l'école fut ouverte en 1679. Elle fut le premier noyau des Écoles chrétiennes, et M. de la Salle, en la voyant réussir, put croire que son intervention était terminée. Il se trompait encore une fois.

Quelques mois plus tard, une dame pieuse de la paroisse Saint-Jacques entendit parler de l'école Saint-Maurice et désira doter aussi sa paroisse d'une école semblable. Elle supplia le Bienheureux de la seconder dans son dessein. « Il faut, dit-elle, que je profite d'une occasion si favorable, car il y a longtemps que Dieu m'a mis au cœur cette pensée, et je serais bien aise d'en voir l'accomplissement avant de mourir. » Le Bienheureux ne put résister à ses instantes prières. Une nouvelle école ne tarda pas à s'ouvrir, et ce fut M. Niel lui-même qui en prit la direction, après avoir mis d'autres maîtres à la tête de l'école Saint-Maurice.

Les écoles s'établissaient ainsi peu à peu, et le Bienheureux s'y trouvait engagé, pour ainsi dire, sans s'en apercevoir. Il était loin de soupçonner que Dieu le destinait à devenir fondateur d'Ordre.

« Si j'avais cru, dit-il, que le soin de pure charité que je prenais des maîtres d'école eût dû jamais me faire un devoir de demeurer avec eux, je l'aurais abandonné ; car, comme naturellement je mettais au-dessous de mon valet ceux que j'étais obligé d'employer aux écoles, la seule pensée qu'il m'aurait fallu vivre avec eux m'eût été insupportable. »

Dieu conduit toutes choses avec force et douceur.

VI

Formation de la Société des Frères des Écoles chrétiennes.

1679 — 1681

Les deux écoles étaient fondées à Reims, mais elles n'avaient pas les éléments nécessaires de stabilité. Les maîtres n'avaient pu être choisis avec assez de discernement, ni suffisamment exercés à l'emploi qu'on leur confiait. D'un autre côté, M. Niel, le coopérateur de notre Bienheureux, avait beaucoup de piété et beaucoup d'ardeur, mais il manquait de cette judicieuse modération et de cette sage prudence qui seules peuvent consolider les œuvres que le zèle a formées.

Le Bienheureux avait beaucoup à souffrir de l'extrême activité de M. Niel et de l'inconstance de cet esprit ardent, qui, toujours préoccupé d'œuvres nouvelles, ne savait pas entretenir chez les maîtres l'esprit de recueillement et la régularité nécessaires pour garder les vocations. Afin de remédier à un si grand mal, le Bienheureux songea à installer la petite communauté dans une maison voisine de la sienne. Il soumit ce dessein à M. Niel, qui l'approuva. En conséquence, il loua, pour dix-huit mois, une maison derrière Saint-Symphorien, à peu de distance de celle qu'il habitait, et, le 25 décembre 1679, il y installa les maîtres.

Il leur donna alors un règlement, afin de mettre de l'ordre dans leur vie. Il fixa l'heure du lever, du coucher, des repas, des récréations ; il marqua un temps pour vaquer à la prière, à l'oraison, et pour assister à la messe; et il passait lui-même plusieurs fois par jour dans la maison pour s'assurer que ses prescriptions étaient fidèlement observées. M. Niel, en même temps, avait ouvert dans cette maison une troisième école pour les enfants du quartier, et, en peu de temps, elle était devenue aussi nombreuse que les deux autres.

Cependant le Bienheureux continuait ses études de théologie à l'Université de Reims. Il subit ses examens, soutint ses thèses, et reçut, en 1681, le bonnet de docteur, à l'âge de trente ans.

La science semblait devoir l'éloigner de l'enseignement populaire qui devait remplir toute sa vie ; mais il était alors bien loin de s'en douter : « Je m'étais figuré, écrit-il dans ses Mémoires, que la conduite que je prenais des écoles et des maîtres, mais seulement une conduite extérieure, ne m'engageait à leur égard à rien autre chose qu'à pourvoir à leur subsistance et avoir soin qu'ils s'acquittassent de leur emploi avec piété et application. » Mais il sentit bientôt que, pour les rendre capables d'amener les âmes à Jésus-Christ, il devait les former sur ce divin modèle, et il y travailla sans relâche.

Pour avoir plus constamment les maîtres sous ses yeux, le Bienheureux imagina de les faire venir chez lui et de prendre ses repas avec eux. Ce projet fut aussitôt réalisé en partie. Il ne les logea pas d'abord dans sa propre maison, afin de ne pas trop heurter le monde qui commençait déjà à trouver sa conduite bizarre ; mais, de grand matin, ils y arrivaient tous ensemble ; ils faisaient la prière en commun, ils entendaient la messe, puis ils allaient aux écoles, d'où ils revenaient en silence ; à table, on faisait une lecture spirituelle, chacun était servi par portions comme dans les maisons les plus régulières, et le soir, après la prière commune, ils retournaient chez eux passer la nuit.

C'est ainsi que le Bienheureux sacrifiait son repos, ses aises, ses habitudes, la tranquillité même de son intérieur, pour donner aux enfants pauvres des maîtres selon le Cœur de Jésus ; c'est ainsi qu'il se disposait à bien d'autres sacrifices, sans qu'il pût prévoir quels en seraient les fruits.

Six mois s'étaient écoulés de cette manière. Le bail qu'il avait conclu allait expirer. Fallait-il le renouveler ou transporter définitivement les maîtres chez lui ? Une pareille détermination était grave. Le Bienheureux ne se décida pas sans conseil ; il alla consulter le P. Barré. Celui-ci lui répondit : « Les plus grands desseins de Dieu sur une âme ne s'accomplissent qu'à force de contradictions... Le parfait chrétien doit être comme le coq du clocher de l'église qui tourne à tous les vents sans sortir de dessus la croix. » Le Bienheureux avait compris ; sa résolution fut arrêtée. Le 24 juin 1681, fête de saint Jean-Baptiste, son patron, il prit toute la communauté dans sa maison.

Cette détermination mit le comble à l'irritation de sa famille et à l'étonnement du monde : « Cette œuvre, disait-on, n'est pas digne de lui. Avant de s'occuper des étrangers, il devrait songer à ses frères. » Et on raillait l'homme de Dieu, et on regardait comme un travers d'esprit ou un acte de folie ce qui n'était inspiré que par la charité la plus pure. Quant à la famille du Bienheureux, elle était exaspérée. Elle se trouvait humiliée dans un de ses membres et lésée dans ses plus chers intérêts. Elle avait rêvé pour M. de la Salle les honneurs de l'Église auxquels sa naissance et ses talents l'appelaient, et voilà qu'il se laissait absorber par une œuvre obscure et sans profit. De tels reproches souvent répétés firent quelque impression sur ses frères, et deux d'entre eux finirent par le quitter.

Le Bienheureux soutint avec une résignation admirable les railleries et les attaques du monde. Les remontrances de sa famille lui furent beaucoup plus sensibles, mais elles ne purent ébranler sa résolution. Tous les biens qui l'attachent à la terre se brisent ainsi l'un après l'autre, afin qu'il puisse se livrer plus librement à l'œuvre que DIEU lui a confiée. Mais voici qu'une nouvelle épreuve survient. Au moment même où il sacrifie l'approbation du monde et l'affection de sa famille, Jean-Baptiste de la Salle se demande : « Cette œuvre que j'aime tant, va-t-elle s'évanouir devant moi comme une ombre? »

VII

Les épreuves.

1682 — 1683

Les maîtres que M. Niel avait rassemblés et qui, sous sa direction, s'étaient habitués à une vie indépendante, ne purent supporter la régularité que le Bienheureux voulait leur imposer. Ils s'en allèrent les uns après les autres. Il y en eut même quelques-uns qu'on dut congédier, parce qu'ils n'avaient pas de vocation, si bien qu'en peu de temps la maison se trouva presque vide. Deux maîtres seulement restèrent fidèles.

Cette dispersion fut pour le Bienheureux de la Salle un coup terrible. Mais il s'abandonna entièrement à la divine Providence, et voici que, dès le commencement de l'année 1682, de nouveaux sujets lui arrivèrent.

Vers la même époque survint un événement qui le mit à deux doigts de la mort et augmenta encore sa confiance en Dieu. Il revenait de la campagne à cheval. Une neige épaisse couvrait la terre. M. de la Salle s'égara et tomba dans un trou profond. Il appela au secours : personne ne vint. Le lieu était désert, et le mauvais temps avait éloigné les voyageurs. Longtemps il s'épuisa en vains efforts pour sortir du gouffre : la nuit approchait; sa situation était désespérée. Il eut recours à Dieu, et Dieu entendit sa prière. Après une nouvelle tentative, il parvint à remonter sur la terre ferme et à retrouver sa route.

Le 24 juin 1682, jour de la fête de son saint patron, le Bienheureux quitta la maison de ses pères, en loua une autre au faubourg Saint-Remi, et s'y retira avec tous ceux qui composaient sa nouvelle famille. Il croyait avoir trouvé la paix, il vit surgir la croix.

Des symptômes de découragement se manifestaient parmi ses disciples. Des inquiétudes sur l'avenir agitèrent ces hommes attachés encore à la terre. « A quoi nous conduira la vie dure que nous menons ? se disaient-ils les uns aux autres. Il n'y a rien de solide dans l'état que nous avons pris. Nous perdons notre jeunesse dans cette maison. Ne ferions-nous pas mieux d'apprendre des métiers qui fourniraient d'une manière sûre à notre subsistance ? Que deviendrons-nous si notre Père nous abandonne ou si la mort nous l'enlève ?... »

De là un refroidissement général. Le Bienheureux en est effrayé, mais il n'en peut deviner la cause. Il leur témoigne plus de bonté que jamais, il les questionne. Enfin ils lui avouèrent franchement leurs craintes. Aussitôt il leur dit plein de zèle : « Eh quoi, mes enfants, vous voulez prescrire des bornes à la bonté infinie de votre DIEU ! Vous exigez des assurances ! La parole de notre Sauveur ne vous en donne-t-elle pas assez ? Considérez les lis qui viennent dans les champs, vous dit ce DIEU plein d'amour pour les hommes, voyez les oiseaux du ciel ;

s ne sèment point, ils ne moissonnent point, t le Seigneur qui les a créés pourvoit abon-damment à tous leurs besoins. Ah ! mes nfants, si la bonté du Père céleste s'étend insi jusqu'aux plus petites créatures, pou-ez-vous croire que vous ne serez pas aussi objet de ses soins, et qu'il vous laissera chever dans une affreuse misère une vie ue vous aurez employée à le servir ? Jetez-ous donc dans les bras d'un si bon Père ; que otre prévoyance ne s'étende même pas usqu'au lendemain, et sa miséricorde ne se issera jamais de vous combler de ses ienfaits. »

Ces paroles si touchantes ne portèrent pas a conviction et la paix dans le cœur des maîtres. Ils se disaient à eux-mêmes et ntre eux : « Si chacun de nous avait un on canonicat ou un riche patrimoine comme otre Père, la confiance nous serait facile. a misère ne peut l'atteindre et la chute des coles le laissera debout. Mais nous, sans biens, sans revenus, sans métier, qu'allons-nous devenir ? » Un jour enfin, ils se laissèrent ller à exposer au Bienheureux leurs craintes t leurs scrupules. Celui-ci, loin de s'en offenser, écouta ses disciples avec bonté, et forma, dans son cœur, le projet de faire cesser pour eux tout prétexte de découragement.

Il conjura le Seigneur, par de ferventes prières, de lui faire connaître sa sainte volonté; et une voix du ciel semblait lui répondre : « Va, vends tout ce que tu as et donne-le aux pauvres. » Il réfléchit, et ses réflexions l'amenaient à cette conclusion : « Décidément, je ne puis être chanoine et en même temps supérieur de ma communauté. Entre les deux, il faut choisir. » Il n'hésita pas : il prit la résolution de renoncer à tous les biens qu'il possédait, et de résigner le canonicat qui l'attachait à la métropole de Reims.

VIII

Le sacrifice.

1683 — 1685

Humble autant que généreux, le Bienheureux de la Salle se rendit à Paris pour consulter le P. Barré, dont il avait déjà apprécié les lumières. Celui-ci l'approuva sans réserve. Il aurait même souhaité une perfection plus grande : « Les renards, lui dit-il, ont des tanières; les oiseaux du ciel, des nids; et le Fils de l'homme n'a pas où reposer sa tête. Telles sont les paroles de l'Évangile, et en voici le sens. Les renards sont les enfants du siècle qui s'attachent aux biens de la terre. Les oiseaux du ciel sont les religieux qui ont leurs cellules pour asiles; et les maîtres d'école, dont la vocation est d'instruire les pauvres à l'exemple de Jésus-Christ, ne doivent pas avoir d'autre partage sur la terre que celui du Fils de l'homme. Tout autre appui que la Providence ne convient pas aux écoles chrétiennes. Cet appui est inébranlable, et elles demeureront elles-mêmes inébranlables, si elles n'ont point d'autre fondement. »

Ces paroles firent une impression profonde sur l'esprit du Bienheureux, et il y reconnut la voix du divin Maître. Il allait obéir. Mais dès que son projet fut connu, il y eut dans toute la ville une émotion extraordinaire. L'étonnement fit bientôt place au blâme, et il se forma de tous côtés une sorte de ligue pour empêcher le pieux chanoine de réaliser son dessein. Ses parents, ses amis, ses confrères, ses supérieurs se coalisèrent contre lui. On n'épargnait pas les arguments qui pouvaient ébranler sa résolution. « Il sacrifiait en pure perte et sa fortune, et sa dignité, et sa personne. N'avait-il pas reconnu autrefois la vocation qui l'appelait à être chanoine? N'était-il plus possible de plaire à Dieu dans ce saint état? N'allait-il pas jeter le discrédit sur sa famille? L'abandon général, où on ne manquerait pas de le laisser, ne ruinerait-il pas son œuvre? N'obéissait-il pas à un orgueil secret, au désir de se distinguer, de devenir fondateur d'Ordre? La délicatesse de son tempérament pourrait-elle soutenir un genre de vie aussi dur? »

Pendant cette horrible tempête, le Bienheureux comparait, devant Dieu, les raisons qui l'avaient déterminé avec celles qu'on lui opposait; il scrutait le fond de son cœur; il passait de longues heures, immobile, plongé dans la prière, au pied du Saint-Sacrement. Un jour, deux personnes du monde le virent ainsi agenouillé dans la cathédrale de Reims. « C'est M. de la Salle, dit l'une; vous ferez bien de prier pour lui, car il a perdu l'esprit. — Vous avez raison, répondit l'autre qui connaissait la sainteté du serviteur de Dieu; mais c'est l'esprit du monde qu'il a perdu. »

L'archevêque de Reims ne voulut point d'abord lui permettre de quitter son canonicat. Cependant, il finit par céder. L'homme de Dieu en éprouva une joie si profonde qu'il réunit les Frères et chanta avec eux un *Te Deum* d'action de grâces.

M. de la Salle, en remettant sa démission, pria l'archevêque de fixer le choix de son successeur sur M. Faubert, jeune prêtre d'un rare mérite; mais le supérieur du séminaire lui conseilla, de la part de l'archevêque, de résigner le canonicat à son frère, qui était lui-même un ecclésiastique très vertueux. Le Bienheureux répondit : « Je conviens que mon frère a tout le mérite que vous reconnaissez en lui; mais c'est mon frère, et cette seule raison m'empêche de condescendre aux désirs de Monseigneur l'archevêque. » Le supérieur, frappé de cette réponse, changea de langage, et dit qu'il approuvait désormais un dessein qu'il s'était chargé de combattre. « A Dieu ne plaise, ajouta-t-il, que je vous conseille de faire ce que tout le monde désire de vous ! Mettez à exécution ce que l'esprit de Dieu vous inspire. Ce conseil, contraire à celui que je vous apportais, est le bon. C'est le seul qu'il faut écouter. »

Le Bienheureux résigna donc son canonicat à un étranger. Mais s'il s'était déchargé des honneurs, il était resté riche. Qu'allait-il faire de son patrimoine ? Les prudents lui disaient : « Consacrez votre fortune à fonder des écoles chrétiennes. » Son cœur lui disait : « Renonce à tout et compte sur la Providence. » Pour les âmes héroïques comme celle de M. de la Salle, le plus difficile n'est pas de faire leur devoir, c'est de le connaître.

Il recourut à l'oraison, et voici quelle fut la prière qu'il adressa au Seigneur : « Mon Dieu, je ne sais s'il faut fonder ou s'il ne le faut pas. Ce n'est pas à moi à établir des communautés, ni à savoir la manière de les établir. C'est à vous, mon Dieu, à le savoir et à le faire de la manière qu'il vous plaira. Si vous les fondez, elles seront bien fondées. Si vous ne les fondez pas, elles seront sans fondation. Je vous prie, ô mon DIEU, de me faire connaître votre volonté. »

Après avoir prié et consulté, il s'arrêta à la résolution de donner tout son bien aux pauvres. Les malheurs occasionnés en France par la disette de 1684 lui offrirent bientôt une occasion de la réaliser. Une grande famine sévissait dans toute la Champagne, et la ville de Reims fut particulièrement frappée. Le Bienheureux vendit tout ce qu'il possédait et nourrit les pauvres.

De son patrimoine, il avait fait trois parts. La première était pour les enfants : tous ceux qui venaient aux écoles recevaient un morceau de pain, qui servait non seulement pour eux-mêmes, mais pour leur famille. La seconde était pour les pauvres honteux, qu'il secourait en ménageant avec le plus grand soin leur honneur et leur délicatesse. La troisième part enfin était donnée dans sa maison. Tous les matins, les pauvres s'y réunissaient. Le Bienheureux leur adressait quelques instructions familières ; puis, après que les âmes avaient reçu leur nourriture, les corps à leur tour étaient rassasiés. Sa foi était si vive, sa charité si tendre, que, dans chacun de ces malheureux, il voyait JÉSUS-CHRIST, vêtu de haillons, ayant faim, ayant froid. Et il se mettait à genoux pour leur présenter son aumône.

Cette distribution commença en 1685 et dura environ deux ans. Quand elle fut terminée, le Bienheureux put dire avec saint François d'Assise : « DIEU m'est toute chose : si j'ai tout perdu pour lui, je retrouve tout en lui; il me suffit lui seul. »

IX

Premières règles de l'Institut des Frères.

1684

L'âme des fondateurs est comme le moule de leurs œuvres; aussi, à mesure que le Bienheureux réalisait la perfection dans sa personne, son Institut prenait lui-même une forme définitive.

Déjà plusieurs villes, Rethel, Guise,

Château-Porcien, Laon, étaient heureuses de posséder des maîtres formés par M. de la Salle; d'autres les demandaient avec instance. Mais avant de donner plus d'extension à l'œuvre dont le Seigneur l'avait chargé, le Bienheureux crut convenable d'ébaucher sa règle. Il savait, en effet, qu'il n'y a pas de communauté véritable sans une règle qui ramène à l'unité les volontés diverses et fait converger vers un seul but les efforts de tous.

Il réunit donc douze des maîtres en qui il avait reconnu le plus de vertus et de lumières. Cette réunion est considérée comme la première assemblée générale de l'Institut. Les délibérations furent précédées d'une retraite qui s'ouvrit le 10 mai 1684. Le Bienheureux en fit connaître l'objet : « Mes frères, leur dit-il, vous êtes arrivés au point où je voulais vous conduire. Témoin de votre ferveur et de vos pieuses dispositions, je désire prendre des mesures avec vous, pour fixer votre état, affermir votre vocation, cimenter votre union et commencer l'édifice dont vous êtes les premières pierres. Vous ne trouverez rien que d'ancien dans les règles nouvelles ; votre cœur reconnaîtra son propre ouvrage dans le livre qui en sera composé, et les lois qu'il contiendra vous paraîtront douces à suivre, puisque vous aurez contribué vous-mêmes à les établir. »

Dans cette pieuse assemblée, on arrêta que les membres de l'Institut prendraient le nom de *Frères des Ecoles chrétiennes*, qu'ils portent encore et qui est le plus chrétien, le plus beau de tous les noms. Il fut décidé que leur nourriture, substantielle mais frugale, serait celle du pauvre peuple. On agita ensuite la question des vœux. Les disciples du Bienheureux proposent de faire les vœux perpétuels de pauvreté, de chasteté et d'obéissance. « Nous voulons, disent-ils, suivre Jésus-Christ pauvre et dépouillé de tout sur le Calvaire. Nous n'ignorons pas à quoi nous nous engageons en embrassant une pauvreté volontaire ; nous en avons déjà souffert toutes les incommodités, et ce que nous avons fait, nous espérons bien le faire encore avec le secours de la grâce. »

Le bon Père ressentit une grande joie en entendant ces paroles ; mais il jugea convenable de mettre des bornes au zèle de ses enfants. Il fut donc décidé qu'on ferait seulement le vœu d'obéissance et de stabilité dans la société pendant trois ans, et qu'on renouvellerait ce vœu chaque année. Cette pratique se continua jusqu'en 1694, où les vœux prirent une autre forme. Les plus jeunes d'entre les maîtres ne devaient se lier à l'Institut que par le vœu d'obéissance pour un an seulement, jusqu'à ce que leur vocation fût affermie.

Bientôt après, le Bienheureux s'occupa du costume des Frères. Jusque-là ils avaient continué de porter les habits avec lesquels ils étaient entrés dans la maison. Après bien des réflexions, il leur donna pour habillement uniforme celui qu'ils portent encore aujourd'hui, et le temps n'en a point altéré la simplicité primitive.

Une fois que l'habit fut adopté, le saint prêtre ne voulut plus y renoncer, malgré toutes les critiques et les moqueries du monde. Le nouveau costume, en effet, fut accueilli par des outrages. Quand on vit paraître dans les rues les Frères vêtus de cette longue soutane d'une étoffe grossière, de ce manteau flottant, de ce chapeau à larges bords, de ces gros souliers, on les hua, on en vint jusqu'à leur jeter de la boue au visage, sans que personne songeât à prendre leur défense. Le Bienheureux lui-même, ayant été faire l'école à la place d'un Frère, reçut des soufflets dans la rue. Il essuya cette épreuve pendant plus d'un mois. Disciples d'un Dieu qui a souffert les humiliations, les coups, la mort même de la part des hommes qu'il venait sauver, les Frères supportèrent tout au nom de Jésus-Christ, et gardèrent leur costume, qui est aujourd'hui honoré du monde entier.

X

Les vertus du Bienheureux.

Les disciples du Bienheureux de la Salle trouvaient une règle vivante dans leur vénéré fondateur. Comme le divin Maître, il faisait tout ce qu'il voulait leur enseigner.

Son premier soin avait été de s'appliquer de plus en plus au renoncement et à l'abnégation. Il domptait son corps par un rude cilice et de fréquentes disciplines; une ceinture de cuir, avec des pointes tournées en dedans, meurtrissait ses reins; son estomac, faible et délicat, refusait certains aliments, il le réduisit par une diète rigoureuse. La victoire fut si complète que le saint homme ne s'apercevait même plus des mets qu'on lui présentait. Un jour, le cuisinier, par erreur, servit aux Frères un plat d'absinthe. En sentant cette amertume, tous les Frères se crurent empoisonnés et ne purent continuer leur repas. Seul le Bienheureux ne remarqua rien et mangea toute sa portion sans mot dire.

Il recherchait la pauvreté : son bréviaire, une *Imitation de Jésus-Christ,* son crucifix et son chapelet étaient son seul bien sur cette terre. A ceux qui lui reprochaient un tel dénûment : « Que dites-vous ? répondait-il, n'est-ce pas être très riche que de posséder le saint Évangile et d'y puiser, quand on veut, les trésors de la vie éternelle ? »

Il voulait être vêtu comme un pauvre prêtre. Sa soutane, toujours propre, était cependant d'étoffe grossière, usée et pleine de pièces. Quand il la quittait, il était impossible d'en tirer aucun usage. Deux voleurs le dépouillèrent un jour sur une grand'route; après avoir examiné ses vêtements, ils prirent le parti de les lui rendre : ils eussent été honteux de les emporter.

Sa chambre était la plus petite de la maison. Il habitait souvent le dortoir commun, ou bien se retirait en quelque réduit où une seule personne pouvait trouver place. A Reims, c'était une espèce de colombier situé au sommet de la maison ; à Saint-Yon, c'était une pièce basse, contiguë à l'étable et qui en recevait l'odeur.

La vertu dont la pratique semblait le plus difficile au Bienheureux, c'était l'obéissance. Supérieur, prêtre, docteur, devait-il se soumettre à des laïques qui étaient bien au-dessous de lui par la science et par les titres ? Il y tendit cependant toute sa vie. Peu de temps après avoir formé ses vœux, il songea à se démettre de son titre de supérieur ; il poursuivit toujours ce dessein et parvint à le réaliser avant sa mort. D'ailleurs, son existence tout entière n'avait été qu'une longue obéissance à la règle comme à l'ensemble des devoirs que lui imposait la direction de l'Institut.

Mais où puisait-il la lumière, où puisait-il la force dont il avait besoin ? Le secret de ses victoires sur lui-même, de son énergie, de sa confiance inaltérable était l'oraison. Il priait le jour, il priait la nuit, et sa vie n'était qu'un long entretien avec Dieu. A Reims, il se faisait enfermer toutes les semaines, durant la nuit du vendredi au samedi, dans l'église de Saint-Remi, et répandait son âme en prières sur le tombeau du saint.

Les embarras qui se multipliaient ne diminuaient en rien l'amour du Bienheureux pour la solitude et l'oraison. C'est ce qui le détermina à se réserver dans le haut de la maison une petite chambre solitaire, inconnue du public, et il s'y tenait habituellement. Mais il y était souvent troublé. Outre les soucis de la direction, il avait encore de nombreuses visites à recevoir. Toujours maître des mouvements de son âme, le Bienheureux adorait la providence de Dieu, qui semblait déranger l'ordre de sa dévotion; et ceux qui étaient venus le voir s'en retournaient, après un assez long entretien, sans avoir pu soupçonner qu'ils avaient mis sa patience à l'épreuve.

Un jour, l'abbé de Saint-Thierry vint le visiter avec quelques préventions contre la singularité d'une vie si nouvelle. Il arrive sans se faire annoncer et surprend le Bienheureux dans sa retraite. L'abbé eut d'abord de la peine à reconnaître son ancien ami, tant la mortification et l'habit qu'il portait l'avaient changé. « Quoi ! s'écria-t-il en le considérant, est-ce ainsi qu'un homme de votre caractère doit être habillé ? » Le Bienheureux ne répondit que par un sourire modeste. C'était la réponse qu'il avait coutume de faire à ceux qui lui adressaient de semblables questions. Puis il entama la conversation avec son aisance et sa douceur habituelles. L'abbé ne pouvait se lasser de l'entendre et de jouir de sa présence : il s'en alla ravi de la grande vertu de son ami, édifié de ses pieux entretiens.

Néanmoins, le Bienheureux résistait autant que possible à ces distractions, et luttait pour ainsi dire avec Dieu pour demeurer près de lui dans le silence de la contemplation et de la prière.

XI

Son humilité.

Les disciples du Bienheureux suivaient les exemples de leur maître et se montraient dociles à ses enseignements. Non seulement ils s'acquittaient de leur emploi avec toute l'ardeur dont ils étaient capables, mais ils ajoutaient encore à leurs pénibles fonctions des austérités dont la règle n'avait pas encore fixé les limites. La santé de quelques-uns s'altéra. Un Frère de Rethel étant tombé malade, son compagnon voulut faire les deux classes : « J'ai le pied droit dans une classe, disait-il, le pied gauche dans une autre, l'esprit au malade, le cœur au ciel. » De 1681 à 1688, il mourut six ou sept Frères, tous âgés de moins de trente ans. Leur mort était celle des prédestinés. Le curé de la paroisse qui les administrait en rendait témoignage : « Jamais, disait-il, je n'ai vu aucune personne, fût-elle âgée de quatre-vingts ans, mourir avec autant de courage et de résignation. »

Ces coups multipliés inspirèrent au Bienheureux un vif désir de se préparer à la mort et de se tenir plus constamment en la présence de Dieu. Pour mieux s'occuper de son âme et de son éternité, il voulut se démettre de sa charge de supérieur. Il réunit donc les Frères et leur exposa son dessein avec tant de douceur et de force, qu'il réussit à les convaincre. Il leur démontra qu'il était nécessaire de le décharger du fardeau du gouvernement. Il avait assez à faire de les confesser et de diriger leurs consciences. Ils avaient au milieu d'eux beaucoup de Frères capables d'occuper son emploi, et puisqu'ils seraient toujours obligés de lui donner un successeur, il valait mieux que ce fût de son vivant, afin que le nouveau supérieur pût profiter quelque temps de son expérience et recevoir ses conseils. Enfin n'était-il pas plus convenable que le supérieur des Frères fût de même condition que les autres et ne se distinguât d'eux que par sa fonction ?

Les Frères se laissèrent convaincre. Ils procédèrent aussitôt à une élection nouvelle. Le choix tomba sur le Frère Henri L'Heureux. C'était le plus capable. Le Bienheureux fut le premier à lui promettre obéissance. Assidu à tous les exercices, ne songeant jamais à se prévaloir de son ancienne autorité pour obtenir quelque dispense, il semblait le dernier de tous. A la moindre omission, il se mettait humblement à genoux : il avouait devant tout le monde ce qu'il appelait une faute; il sollicitait une pénitence. Il n'eût pas osé recevoir une visite ni ouvrir la bouche devant un étranger sans permission.

Son humilité le trahit. Il avait été convenu que le changement serait ignoré du dehors. Un jour, quelques personnes notables étant venues voir le Bienheureux, celui-ci leur dit qu'il ne pouvait leur parler sans une permission, qu'il alla aussitôt demander à son supérieur. Cette nouvelle les surprit vivement. Le bruit se répandit aussitôt dans la ville et y causa une sorte de scandale. L'autorité ecclésiastique en fut informée; elle obligea le Bienheureux à reprendre sa première place.

« *Celui qui s'humilie sera exalté* » a dit notre Sauveur. Le Bienheureux s'humiliait,

Dieu l'exaltait. En 1687, le Frère qui était à la tête des écoles de Guise tomba si dangereusement malade qu'on désespéra de sa vie. Il reçut les derniers sacrements et fut abandonné des médecins. Il se voyait sur le point d'expirer ; une seule chose le chagrinait, c'était de ne pas voir son Père avant de mourir. Le Bienheureux fait exprès le voyage, et le Frère est guéri en recevant ses embrassements paternels.

Au moment où Dieu mettait la vertu de son serviteur dans un plus grand jour, les hommes commençaient à mieux apprécier son œuvre.

XII

Le Séminaire des maîtres d'école et le premier noviciat de l'Institut.

1686 — 1687

Plusieurs curés des villages qui sont dans les environs de Reims, désireux d'avoir des Frères pour les enfants pauvres de leurs paroisses et n'en pouvant obtenir, prirent le parti de chercher eux-mêmes des maîtres et d'en confier l'éducation au Bienheureux. Celui-ci reçut avec bonté les jeunes gens qu'on lui envoya, et leur donna dans sa maison un corps de logis séparé de celui des Frères. La nouvelle communauté fut placée sous la direction d'un Frère expérimenté. Elle compta bientôt vingt-cinq membres. Ces jeunes gens, entre lesquels régnait une grande union, avaient leurs règlements et leurs exercices particuliers. Ils apprenaient la lecture, l'écriture, et tout ce qui convenait à la profession à laquelle on les destinait. Quand ils étaient assez instruits, ils retournaient dans leur village, et on les chargeait aussitôt de l'école.

Cette communauté, qu'on appelait le *Séminaire des maîtres d'école pour la campagne*, a été le premier modèle des Écoles normales.

Vers le même temps, c'est-à-dire en 1686, un jeune homme de quinze ans se présente au Bienheureux et demande à être admis dans sa maison. M. de la Salle n'avait pas l'habitude de recevoir des maîtres si jeunes; mais celui qui sollicite son admission paraît animé de si bons sentiments qu'on finit par l'accepter.

Presque aussitôt trois autres jeunes gens du même âge viennent solliciter la même faveur. Le saint prêtre voit là une indication de la Providence. Il interroge ces jeunes gens, et, après s'être assuré de leurs dispositions, il les accueille. Il conçoit aussitôt la pensée de former une petite communauté séparée de la grande et qui lui servira de préparation.

Le Bienheureux établit dans un local contigu cette communauté nouvelle; il choisit pour la diriger un de ses plus fervents disciples, et lui donna des règlements qui étaient une reproduction adoucie des statuts des Frères. C'est le premier noviciat de l'Institut.

Le saint Fondateur aimait à venir au milieu de ses jeunes novices les initier aux secrets de la perfection. Il leur donnait pour modèle Jésus enfant, dont il avait fait placer l'image dans leur oratoire. Le jour de Noël, il vint le premier se consacrer au saint Enfant, avec autant de foi et de piété que s'il l'eût porté dans ses bras. Tous les novices l'imitèrent. Plusieurs d'entre eux prirent, quelque temps après, l'habit des Frères et devinrent d'excellents religieux.

Le Bienheureux avait donc à Reims trois communautés qui formaient déjà dans leur ensemble une sorte d'Université complète pour l'enseignement primaire. Il y avait la communauté des Frères, celle des novices et celle des maîtres d'école.

L'Institut des Frères était fondé. Toutes les œuvres dont le Bienheureux de la Salle s'occupera plus tard existent déjà au moins en germe. Les principaux articles de la règle sont arrêtés et mis en essai. Le moment est venu où le saint Fondateur va rendre son institution commune à la France et au monde entier en venant s'établir à Paris.

XIII

Les Frères à Paris et les Écoles Sulpiciennes.

1688 — 1690

M. Claude Bottu de la Barmondière, curé de Saint-Sulpice, appela des Frères pour leur confier les écoles de sa paroisse.

Le Bienheureux se mit en route avec deux de ses disciples et arriva à Paris le 24 février 1688. Après quelques jours de repos, ils se mirent à l'œuvre : une sage discipline fut établie, l'ordre et la régularité remplacèrent le tumulte et le trouble. En peu de temps, les écoles changèrent de face.

Les enfants accoururent en si grand nombre que les Frères furent surchargés de travail et que l'un d'eux tomba malade. Le Bienheureux prit aussitôt sa place. Il donna, à Paris, le même exemple d'humilité qu'à Reims. Il fit la classe, conduisit les enfants à la messe, leur enseigna à lire et à écrire, jusqu'à ce que le maître fût rétabli.

La règle qui avait produit à Reims de si excellents résultats fut appliquée aux écoles de Saint-Sulpice. Les Frères firent de la prière et de la pénitence le fondement de leur charité pour les enfants, et les enfants furent soumis à une discipline inflexible.

Le Bienheureux tint à y établir sans retard la coutume de faire conduire tous les jours les enfants à la messe. Peu de temps auparavant, ils se montraient dans les rues indociles, insolents, querelleurs. Depuis l'arrivée des Frères, ils semblaient avoir perdu l'étourderie de leur âge et leurs mauvaises habitudes. Ce fut avec admiration qu'on vit passer chaque jour, à la même heure, cette multitude d'enfants, marchant deux à deux en silence, pour aller assister au saint sacrifice.

L'explication de la doctrine chrétienne, que le Bienheureux considérait comme la fin principale de son Institut, eut son temps réglé le matin et le soir. Les enfants qui fréquentaient les écoles de Saint-Sulpice étant fort pauvres, il était à propos de leur apprendre à gagner leur vie. Il y eut donc un temps marqué pour le travail manuel. Mais il fallait leur enseigner la manière de travailler saintement; le serviteur de DIEU s'y appliqua d'une manière particulière.

De tels succès ne pouvaient manquer d'exciter la jalousie. L'ancien directeur de l'école paroissiale ne pouvait pardonner au Bienheureux le contraste de la direction actuelle avec la direction antérieure : il employa les ruses et les intrigues pour nuire aux nouveaux maîtres et les faire congédier. Un jour, vers le mois de juillet 1688, dans une assemblée de dames de charité, tenue chez M. le curé, les ennemis de M. de la Salle s'oublièrent jusqu'à articuler contre lui une accusation des plus graves. Le serviteur de Dieu souffrit tout en silence, en offrant à Notre-Seigneur les injustices et les calomnies dont on l'abreuvait.

Les accusations continuelles qu'on faisait retentir aux oreilles du vénérable curé de Saint-Sulpice le déterminèrent à ouvrir une enquête. Il en chargea l'abbé de Janson, qui fut depuis archevêque. C'était un homme prudent, habile, très capable d'éclaircir l'affaire. Il se transporta plusieurs fois dans les écoles sans qu'on l'attendît; il interrogea, il surveilla : il trouva les maîtres graves et modestes, donnant leurs leçons avec clarté, montrant l'aptitude et le zèle qu'exigeaient leurs fonctions ; les enfants toujours occupés et attentifs.

Ce spectacle confirma la bonne opinion que l'abbé de Janson avait du Bienheureux et de ses disciples ; mais ce qui l'édifia

ÉGLISE SAINT-SULPICE

surtout, c'est qu'ils n'ouvraient pas la bouche pour se justifier. Lorsqu'il supplia M. de la Salle de s'expliquer au sujet de ses calomniateurs : « Je n'ai rien à dire, répondit le saint prêtre. La seule grâce que je demande pour moi-même, c'est qu'on veuille bien me faire connaître les défauts qu'on remarque dans ma conduite et qu'on me donne les avis dont j'ai besoin. » Ce trait d'humilité, rapporté à M. de la Barmondière, lui dessilla les yeux, et il ne chercha plus qu'un moyen d'assurer à M. de la Salle la libre et paisible direction des écoles. Le Bienheureux en profita pour ouvrir, rue du Bac, en 1690, une école nouvelle, qui devint bientôt aussi florissante que les premières. Ce fut l'occasion d'épreuves plus grandes encore que celles qu'il venait de traverser.

La corporation des maîtres d'école de Paris, voyant que les écoliers étaient attirés vers les Frères, soit par l'excellence, soit par la gratuité de leur enseignement, résolut d'arrêter à ses débuts cette œuvre encore naissante. Alors commença contre les Écoles chrétiennes une guerre qui devait durer quinze ans. Les Frères furent tantôt vaincus, tantôt vainqueurs. Et pendant cette lutte acharnée, des peines encore plus vives atteignirent le cœur du Bienheureux : le curé de Saint-Sulpice, son protecteur, l'abandonna, et deux de ses disciples se révoltèrent contre lui.

Ces épreuves successives, jointes aux privations et aux austérités, ébranlèrent profondément la santé de M. de la Salle. Vers la fin de 1690, il était allé à Reims, à pied selon sa coutume. Arrivé dans cette ville, il sentit ses forces défaillir ; il dut se mettre au lit, et les Frères eurent un moment la crainte de le perdre. Épouvantés à la vue du malheur qui les menaçait, ils adressèrent à DIEU de ferventes prières pour obtenir la guérison de leur Père bien-aimé. DIEU les exauça : le Bienheureux entra en convalescence. Aussitôt il voulut repartir pour Paris, et les conseils des médecins ne purent le retenir. Mais il était très faible encore, et, au bout de six semaines, une maladie plus grave que la première se déclara. Toute la communauté était plongée dans une désolation profonde. Ses enfants redoublèrent de prières et obtinrent sa guérison.

Dieu réservait son serviteur à d'autres douleurs et à d'autres travaux.

XIV

Maison de Vaugirard.

1691 — 1697

Lorsque le Bienheureux, en 1687, avait quitté Reims, il y avait laissé trois communautés florissantes; pendant son absence, elles déclinèrent rapidement. C'était la preuve la plus frappante qu'il était l'âme de son Institut. Son humilité en était blessée, sa prévoyance de fondateur en concevait des alarmes. Cette pensée explique bien des actes de sa vie. C'est pour cela qu'à plusieurs reprises il cherche à se former, à se donner un successeur. Il veut qu'on s'habitue à se passer de lui.

Pour assurer l'avenir d'une œuvre qui lui était si chère, le Bienheureux loua, au village de Vaugirard, une maison solitaire, pauvre, située au bon air, pourvue d'un jardin, et dont il fit comme le second berceau de son Institut. Il y demeura sept ans. Les Frères de Paris venaient y passer leurs jours de congé; les Frères des autres maisons y furent appelés pendant leurs vacances.

Le 8 octobre 1691, il réunit en cette maison bénie les Frères des écoles de Reims, de Laon, de Rethel, de Guise et de Paris. Il commença par faire avec eux une retraite de dix jours ; il réforma les abus et s'attacha à développer en chacun d'eux les vertus propres à des religieux et à des maîtres de l'enfance.

Ce fut parmi tous les Frères réunis que le saint Fondateur choisit ceux qu'il jugeait les plus capables de continuer et d'affermir l'œuvre commencée. Il s'adressa à Nicolas Vuyart et à Gabriel Drolin, et leur proposa de s'obliger avec lui, par un engagement solennel, à se consacrer jusqu'à leur dernier soupir au maintien, aux progrès et à la perpétuité de l'Institut. Ils acceptèrent, et après avoir redoublé de prières, ils prononcèrent ensemble leur vœu, le jour de la fête de la Présentation de la sainte Vierge, 21 novembre 1691.

Après la première retraite, les Frères les

plus anciens retournèrent à leur poste, avec ordre de revenir tous les ans. Les plus jeunes passèrent à Vaugirard une année dans les exercices de la vie intérieure. Le Bienheureux s'appliqua à les perfectionner, et il y travailla avec une grande ardeur. Ceux-ci y mirent beaucoup de bon vouloir : on les voyait recueillis, avides de mortifications, humbles, dociles ; en peu de temps, ils étaient devenus d'autres hommes.

Ce fut à l'occasion des voyages que les Frères des provinces faisaient à Paris, chaque année, que le serviteur de Dieu forma une étroite liaison avec le comte du Charmel, homme d'une très haute piété. Trois Frères, étant en route pour venir faire la retraite annuelle, arrivèrent, pendant la nuit, dans une paroisse de campagne et allèrent frapper à la porte du presbytère. Le curé, édifié de leur maintien humble et modeste, autant qu'étonné de leur habillement qu'il n'avait jamais vu, alla parler au seigneur du lieu des trois hôtes qu'il avait reçus chez lui. Le gentilhomme eut envie de les voir et les fit venir en son château. Il crut voir entrer trois anges dans sa maison; il les questionna sur leur manière de vivre, sur le but de leur Institut, et il fut si satisfait de leurs réponses, qu'il voulut que désormais son château devînt un hospice assuré pour tous les Frères qui passeraient par le Charmel.

Le comte se reprocha d'avoir vécu si longtemps sans connaître le fondateur d'une œuvre si sainte, et il se rendit à Vaugirard pour s'entretenir avec lui. Son admiration fut grande quand il considéra toutes les règles de la maison et surtout la ferveur avec laquelle on les pratiquait. Il assista aux divers exercices des Frères, et il dit hautement qu'il n'avait jamais vu rien de plus ravissant que le spectacle que lui offraient ces anges de la terre. Dès lors, les deux serviteurs de DIEU furent unis intimement, et leur sainte amitié ne se démentit jamais.

Pour combler les vides que la mort faisait parmi les Frères et pour répondre aux besoins qui se manifestaient partout, un noviciat était indispensable. Vaugirard était la seule maison qui pût convenir à cette fin. Mais ce ne fut pas sans obstacles que le Bienheureux parvint à le fonder. Un mois après l'ouverture, le 1er novembre 1692, cinq novices et un Frère servant prenaient l'habit. La règle était dure, la maison était pauvre; mais les âmes étaient pures, et les cœurs joyeux.

En 1693, une grande famine désola Paris. Les Frères en ressentirent cruellement les atteintes. La disette finit par devenir si horrible, que plus d'une fois le pain leur manqua. Le Bienheureux dut transférer son noviciat dans la grande école de Saint-Sulpice, à Paris. Il y resta deux ans. Mais, tous les jours, il fallait résoudre le difficile problème de la subsistance. Un morceau de pain noir était un trésor; ce trésor faisait souvent défaut. « Mes Frères, disait M. de la Salle, il n'y a plus de pain dans la maison! » Ils se rendaient au réfectoire, et disaient le *Benedicite* devant une table vide.

Un jour, le Frère pourvoyeur était sorti avec une pièce de quatre sous : c'était le seul argent qui restât à la communauté. Il voulait acheter quelques légumes pour un dernier repas. Sur sa route, il vit une maison à la porte de laquelle les pauvres se pressaient; une dame charitable leur distribuait des aumônes. Le Frère s'arrête et se met au milieu d'eux. Surprise de le voir en ce costume implorer la charité, la dame l'interroge; elle apprend la disette des Frères, et aussitôt elle va trouver le curé et leur obtient quelques secours.

La famine dura longtemps. Le Bienheureux n'eut pas un moment de découragement ou d'impatience, et il vit la main paternelle de Dieu s'étendre sur lui et les siens, le secourir par des moyens qu'il ne pouvait prévoir, et préserver l'humble asile des Frères d'une ruine qui semblait inévitable.

En 1694, la famine étant passée, le saint Fondateur retourna à Vaugirard, en laissant neuf Frères à Paris pour tenir les écoles. Il emmenait les autres Frères et les novices avec lui. Rentré dans sa solitude, il y reprit ses exercices comme auparavant. Il ne songeait qu'à se sanctifier et à sanctifier ses disciples.

XV

Les Écoles de Paris.

1698 — 1706

Il y avait trois ans que le Bienheureux était à Vaugirard ; il y avait passé les trois années 1695, 1696, 1697, et avait profité du repos dont il jouissait pour rédiger la règle et composer ses premiers écrits. Mais le nombre des postulants et des novices s'étant considérablement accru, il dut chercher une maison plus spacieuse et plus rapprochée de Paris. Il en parla au curé de Saint-Sulpice. La paroisse de Saint-Sulpice avait alors un nouveau pasteur : c'était M. de la Chétardie, qui se montra très favorable aux projets de M. de la Salle ; et, au mois d'avril 1698, la communauté de Vaugirard vint s'établir dans une ancienne maison des Annonciades, à Paris.

Lorsqu'il fut installé dans cette maison, le Bienheureux s'appliqua à multiplier le nombre des écoles. D'après les historiens du temps, les Frères faisaient quatorze classes et instruisaient plus de mille enfants sur la paroisse de Saint-Sulpice. M. de la Chétardie venait souvent les visiter ; il excitait l'émulation des enfants, soutenait le courage des maîtres et ne savait retenir l'expression de son enthousiasme. « Ah ! Monsieur, dit-il un jour au saint Fondateur en voyant la foule immense des élèves, quelle œuvre ! Où seraient maintenant tous ces enfants s'ils ne se trouvaient ici réunis ! On les verrait courir dans les rues comme de petits vagabonds, insulter les passants, se battre entre eux, et faire à leurs dépens le funeste apprentissage du mal et du péché. »

Outre les écoles de charité destinées aux enfants des pauvres, le Bienheureux ouvrit un pensionnat. Jacques II, chassé d'Angleterre, s'était réfugié en France avec un grand nombre de seigneurs. Plusieurs familles qui étaient restées dans le pays lui envoyaient leurs enfants pour qu'il les fît élever dans la religion catholique. Ces jeunes gens étaient surtout des Irlandais. Jacques II demanda conseil à l'archevêque de Paris, qui s'adressa lui-même à M. de la

Chétardie. Celui-ci ne connaissait personne qui, mieux que M. de la Salle, pût se charger de l'éducation de cette jeunesse. Il le pria donc de recevoir cinquante jeunes Irlandais dans sa maison, et le Bienheureux s'empressa d'ouvrir un pensionnat. A quelque temps de là, Jacques II voulut constater de ses propres yeux ce que devenaient les enfants qui lui avaient été confiés. Il vint rendre visite au serviteur de Dieu avec l'archevêque de Paris, fut enchanté des progrès et de la bonne tenue des jeunes pensionnaires, et témoigna au Bienheureux une profonde reconnaissance.

Le curé de Saint-Hippolyte, dans le faubourg Saint-Marcel, ayant été témoin du bien qui s'opérait par les Frères aux écoles de Saint-Sulpice, voulut en doter sa paroisse. L'école fut ouverte vers l'an 1700, et elle prospéra de la manière la plus satisfaisante.

Vers la même époque, le Bienheureux commença à établir, sur la paroisse Saint-Sulpice, les *Écoles dominicales* pour les jeunes gens que le travail retenait toute la semaine dans leurs ateliers, et qui n'avaient que le dimanche et les fêtes pour se faire instruire. On y enseignait non seulement la lecture et l'écriture, mais encore l'arithmétique, la géométrie, le dessin et surtout la doctrine chrétienne.

En 1703, le Bienheureux quitta la paroisse Saint-Sulpice, et installa ses œuvres au faubourg Saint-Antoine. Ses succès déchaînèrent bientôt contre lui la colère des maîtres écrivains et des maîtres d'école. Les procès se succédèrent ; l'homme de DIEU résista. C'était une volonté de fer et un cœur d'or.

Il serait trop long de raconter ici les tribulations dont le serviteur de DIEU fut abreuvé. Toutes ses écoles furent attaquées, tous les tribunaux le condamnaient ; et dans ce Paris, à l'instruction duquel il s'était voué, il ne trouvait pas un ami, pas un protecteur, pas un juge impartial ; ceux mêmes qui auraient dû le soutenir et le défendre s'étaient coalisés contre lui à cause du bien qu'il voulait faire ; mais sa patience fut toujours inaltérable. La persécution devint si violente et si générale, que l'archevêque de Paris chargea un de ses grands vicaires d'installer un autre supérieur à la tête de l'Institut. Lorsque la communauté eut été assemblée à cet effet, le Bienheureux fut le seul qui ne se plaignît pas d'un tel affront ; il promit même de calmer l'indignation des Frères.

La plus cruelle de ses peines fut sans doute de voir ses enfants souffrir à cause de lui. M. de la Chétardie, curé de Saint-Sulpice, s'étant laissé aveugler par d'injustes préventions, refusa de payer à la communauté, tant que M. de la Salle en serait supérieur, la pension qu'il s'était engagé à lui donner et qu'il prenait sur des aumônes que des personnes charitables déposaient en ses mains.

Cette dernière épreuve le jeta dans une profonde tristesse, et il se considéra comme la cause principale de tous les malheurs qui venaient fondre sur son Institut. Ne trouvant de refuge qu'en Dieu, il prit le parti de s'enfermer chez les Carmes déchaussés et d'y faire une retraite. Il y passa quinze jours dans la prière et la pénitence. Et voilà que tout à coup les dispositions de M. de la Chétardie deviennent meilleures ; il donne largement de quoi suffire aux besoins de l'école. L'épreuve de la famine a passé, d'autres lui succèdent; le serviteur de DIEU devait souffrir et lutter toute sa vie.

XVI

Les Écoles de province.

1699 — 1706

L'œuvre du Bienheureux s'étendait successivement par toute la France; on aurait dit que chaque épreuve amenait un nouveau triomphe.

En 1699, le clergé de la ville de Chartres, ayant appris qu'il y avait à Paris un prêtre de grande piété qui prenait soin d'élever et de dresser à la tenue des écoles gratuites pour les enfants pauvres des jeunes gens qui avaient toutes les qualités nécessaires pour s'en acquitter dignement, supplia l'évêque de procurer à sa ville épiscopale un si puissant secours. Mgr Godet des Marais, qui avait connu le Bienheureux au séminaire de Saint-Sulpice, obtint, à force d'instances, une colonie de sept Frères. Les écoles furent ouvertes le 12 octobre, et les enfants y vinrent en grand nombre. Le prélat les visitait souvent, pourvoyait aux besoins des maîtres et veillait à tempérer leur austérité et leur ardeur. « Si vous ne voulez pas engraisser la victime pour la mieux immoler, disait-il, vous devez au moins la nourrir et ne la point surcharger d'un travail accablant et d'un poids excessif d'austérités. » La fondation de Chartres prospéra rapidement, malgré les épreuves de la misère et des procès.

Vers la fin de l'année 1699, un jeune ecclésiastique de Calais vit un jour, dans l'église de Saint-Sulpice à Paris, les enfants des Écoles chrétiennes assister à la messe sous la direction d'un Frère. Il fut tellement charmé de leur recueillement et de leur discipline, qu'il fit toutes sortes de démarches pour doter sa ville d'un établissement si précieux. Une première école fut ouverte. Prêtres et laïques rivalisèrent d'ardeur pour la soutenir. Le succès fut complet ; c'est ce qui inspira à quelques personnes le dessein d'en établir une seconde pour les enfants des matelots du quartier appelé le Court-Gain.

En 1703, les Frères sont appelés à Troyes. La même année, l'Institut s'étend en Languedoc et en Provence. L'Archevêque d'Avignon reçoit les disciples du Bienheureux avec une grande bienveillance ; et le spectacle de leurs vertus, pendant vingt-trois ans, obtient du prélat ce témoignage « que, depuis leur établissement dans la ville, ils ont toujours rempli leur fonction avec beaucoup de zèle et d'assiduité ; que le public tire de grands avantages de leurs soins et de leur application à élever chrétiennement les enfants, et que leur modestie et la pureté de leurs mœurs ont toujours été d'une singulière édification. »

Deux riches négociants de Marseille, se trouvant à Avignon, eurent la curiosité de se convaincre par eux-mêmes de tout le bien qu'on disait des chers Frères. Ils allèrent voir leurs écoles, et ils furent dans l'admiration. Les enfants, ordinairement si étourdis, si indociles, si pétulants, étaient là réunis dans le plus grand silence, s'acquittaient exactement de leurs devoirs et obéissaient avec une entière soumission aux maîtres, qui ne parlaient, pour ainsi dire, que par signes, et qui conservaient toujours cette gravité modeste, si propre à imposer le respect. De retour à Marseille, les deux négociants travaillèrent à enrichir leur ville d'une aussi belle institution. Ils eurent bientôt trouvé douze habitants qui se joignirent à eux, et ensemble ils fondèrent une pension de quatre cents livres pour l'entretien de deux Frères. Une première école fut ouverte sur la paroisse Saint-Laurent, afin d'y recevoir les enfants des matelots. Mais, bientôt après, l'illustre Mgr de Belzunce fit venir quatorze autres Frères qu'il distribua dans les différents quartiers de la ville.

Pendant que la persécution se déchaîne violente contre le Bienheureux à Paris, son Institut fait de nouveaux progrès. Les Frères s'établissent d'abord à Darnetal. L'Archevêque de Rouen, témoin des fruits de salut qu'y produisent leurs écoles, engage fortement M. de la Salle à lui envoyer quelques-uns de ses disciples. Le Bienheureux y consent. Mais les administrateurs leur imposent des conditions très dures, dans l'espoir de les rebuter. Alors le Bienheureux vient lui-même se mettre à la tête des écoles que M. Niel avait dirigées, et par sa patience et son zèle surmonte tous les obstacles.

Ce fut pendant son séjour à Rouen qu'il trouva, à l'extrémité du faubourg de Saint-Séver, une ancienne maison appelée Saint-Yon, bien située, avec un vaste enclos, et offrant, quoique à la porte de la ville, une solitude très agréable. Il la loua d'une manière très avantageuse, et y fit venir ses novices. Elle deviendra dans la suite le patrimoine de ses enfants.

En 1706 et les années suivantes, il y eut toute une efflorescence de fondations nouvelles. Dijon, Mende, les Vans, Grenoble, Versailles, Saint-Denis, Moulins demandèrent des Frères des Écoles chrétiennes, et les enfants pauvres de ces villes éprouvèrent bientôt les bienfaits de la bonne éducation qu'ils répandaient partout où ils passaient.

M. de la Cocherie, homme aussi distingué par ses vertus que par sa naissance, voulut en doter Boulogne-sur-Mer, sa patrie. Les grandes largesses qu'il avait déjà faites aux pauvres l'avaient mis dans l'impossibilité de fournir toute la dépense. Il dut recourir à la bourse de ses amis. Les fonds nécessaires à l'entretien de quatre Frères furent trouvés. Avec les encouragements de l'Évêque de Boulogne, il s'empressa de les demander à leur Supérieur. M. de la Salle les lui envoya et lui confia leurs intérêts. Ils ouvrirent une école dans la basse-ville. Le succès qu'elle eut fut cause qu'on fonda plus tard une seconde école dans la haute-ville. La maison de Boulogne fut la dernière fondation du Bienheureux en province avant sa mort.

Du Nord au Midi, les Frères sont désirés, attendus, accueillis avec enthousiasme, et partout le succès dépasse leurs espérances.

XVII

L'École de Rome.

1700

C'est au moment où l'Archevêque de Paris retirait au Bienheureux son titre de Supérieur, que le serviteur de Dieu songea à réaliser un dessein conçu depuis longtemps : établir des Frères à Rome.

Ses motifs, comme il le dit lui-même,

étaient : 1° De planter l'arbre de la société et de lui faire prendre racine dans le centre de l'unité, à l'ombre, sous les yeux et sous les auspices du Saint-Siège ; 2° De la fonder sur la pierre solide, sur cette pierre contre laquelle les portes de l'enfer ne peuvent prévaloir, et de l'attacher pour toujours à cette Église qui ne peut ni périr ni faillir ; 3° De se faire une voie pour aller aux pieds du Vicaire de Jésus-Christ demander l'approbation de ses Règles et de ses Constitutions, et la grâce pour ses Frères de faire les trois vœux solennels de religion ; 4° Pour obtenir la bénédiction apostolique sur son Institut, pour l'autoriser de la protection du Chef de l'Église, et prendre de lui la mission d'enseigner la doctrine chrétienne sous le bon plaisir et l'agrément des Évêques ; 5° Enfin il voulait envoyer quelques-uns de ses disciples dans la capitale du monde chrétien, source de la communion catholique, pour y être les garants de sa foi, de son attachement inviolable au Saint-Siège et de sa soumission à toutes ses décisions dans un temps où un si grand nombre de personnes en France paraissaient n'en faire aucun cas. »

VUE DE ROME

Tels étaient et tels furent toujours les sentiments du Bienheureux. Il y forma ses disciples ; il ne cessa de les leur inspirer en toute occasion. C'est parce que ces sentiments étaient gravés profondément dans son âme, qu'il lui arrivait assez souvent d'ajouter à son nom ces deux mots : *prêtre romain*.

Quelque modestes que fussent ses ressources, quelque peu nombreux que fussent ses disciples, le saint fondateur se décida cependant à envoyer deux d'entre eux à Rome. Il choisit, avant tout autre, pour remplir cette mission, le Frère Gabriel Drolin, l'un des deux qui, en novembre 1691, avaient fait avec lui le vœu de stabilité.

Les deux Frères partirent, en 1700, avec cent francs : c'était tout l'argent que la maison possédait alors ; mais ils comptaient sur la Providence qui ne les avait jamais délaissés. L'un d'eux tomba malade et fut obligé de revenir en France l'année suivante. Le Frère Gabriel Drolin ne perdit pas courage. Il se heurta à de nombreuses difficultés : les unes lui venaient des personnes, les autres des habitudes du pays, d'autres enfin du manque de ressources. Seul, loin de son père spirituel, loin de sa communauté, aux prises avec toutes sortes de tentations, il poursuit fidèlement la mission qu'il a reçue. Il vivra ainsi pendant vingt-huit ans; et, soutenu par les conseils du Bienheureux, il demeurera fidèle à sa règle sans jamais faiblir.

Au bout de trois ans de prières et de souffrances, le Frère Drolin obtint enfin la conduite d'une école de charité fondée par le pape Clément XI. Les enfants y étaient nombreux, et le Bienheureux de la Salle en était fort consolé. Ce fut le fondement de la maison que les Frères ont eue depuis sous Benoît XIII, qui ajouta à cette faveur une autre bien plus précieuse en érigeant l'Institut en ordre religieux.

Le Frère Drolin résista à la prospérité comme à la misère, supporta patiemment les plus dures privations et repoussa toujours les dignités et la fortune. Il resta jusqu'en 1728 le représentant de sa communauté à Rome. Le Souverain Pontife put juger du maître par les vertus du disciple, et de l'œuvre entière par cette petite École qui excitait l'admiration des Romains. Il y avait déjà sept ans que le Bienheureux s'était endormi dans la paix du Seigneur, lorsque le Frère Drolin revint en France, chargé d'années et de mérites, mourir à Auxonne, diocèse de Besançon, en 1733.

XVIII

Les Écoles de Rouen

1705

Ce fut au mois d'août 1705 que le Bienheureux de la Salle installa son noviciat dans la maison de Saint-Yon, à Rouen, confiant au Frère Barthélemy la direction de ses novices. Pendant les vacances des Écoles, il y fit venir les Frères de leurs diverses résidences, afin de renouveler leur ferveur dans les exercices de la retraite.

La renommée du Bienheureux et de ses disciples se répandit au dehors. On pensa que de tels hommes ne devaient pas borner aux Écoles de charité les soins qu'ils donnaient à l'enfance : on leur proposa de prendre à Saint-Yon des pensionnaires. M. de la Salle ne refusait jamais le bien qui se présentait à faire. Il reçut en pension les enfants que leurs familles ne pouvaient garder, les mit sous la direction d'un Frère expérimenté, et leur donna des règlements appropriés à leur âge et à leur condition. Il obtint, en peu de temps, des résultats merveilleux.

Cette habileté qu'il déployait dans l'éducation de la jeunesse, inspira à quelques-uns le désir de lui confier des enfants plus difficiles, dont on ne pouvait pas venir à bout par les procédés habituels. Il les accepta encore. Ceux-ci furent astreints à un régime plus sévère. Une discipline ferme mais paternelle, la vuè d'enfants sages et bien élevés, l'air pur des champs et surtout l'influence salutaire de la religion suffirent pour les convertir.

On vint alors demander au Bienheureux de vouloir accepter des jeunes gens tout à fait vicieux, libertins et rebelles, qui faisaient le désespoir de leurs familles. Il ne refusa point cette tâche ingrate, et il affecta une partie de sa maison à une sorte de lieu de correction. Quelle que fût la difficulté d'élever ces nouveaux pensionnaires, la discipline de la maison produisit des transformations étonnantes. Plusieurs jeunes gens qu'on croyait incorrigibles furent touchés de la grâce; ils firent oublier par une vie exemplaire les scandales qu'ils avaient donnés, ou quittèrent le monde pour expier dans la prière et la pénitence les désordres de leur jeunesse.

Il y avait donc à Saint-Yon, sans compter le noviciat et les Frères, trois établissements distincts : celui des pensionnaires qui apprenaient la lecture, l'écriture, l'arithmétique, le dessin, la géométrie, l'architecture; celui des enfants indociles dont il fallait surtout réformer le caractère et les mœurs; enfin, celui des *renfermés*. Ces diverses communautés vivaient côte à côte, mais sans se confondre.

La maison de Saint-Yon dépendait de la paroisse de Saint-Séver. Comme elle avait une chapelle, le curé de la paroisse avait exigé qu'elle fût fermée au public pendant la messe et les offices. Les Frères et les pensionnaires devaient venir à l'église tous les dimanches pour entendre la messe paroissiale, et recevoir une fois par an la communion pascale. Les enfants devaient faire leur première communion à la paroisse, après avoir été examinés par le curé. Le Bienheureux accepta ces conditions et d'autres de ce genre; mais l'accord ne put durer longtemps. Lorsqu'on eut dans la maison des pensionnaires « internés de force par autorité du Parlement », on ne put plus les conduire au dehors pour assister aux offices. Les Frères furent autorisés à célébrer les offices dans leur chapelle. Le curé de Saint-Séver en prit ombrage, et il en résulta un conflit qui attira plus tard beaucoup de difficultés au saint Fondateur.

Pendant ce temps-là, les Frères de la ville succombaient à la tâche. Ils avaient besoin, pour vivre, de trois mille six cents livres, sans parler du loyer de la maison. Au lieu de cela, la ville ne donna que six cents livres, sur lesquelles trois cents étaient absorbées par le loyer. Le Bienheureux, toujours confiant dans la Providence divine, loua une maison et s'y installa avec douze Frères, réduit à une pension de dix-sept sous par jour, pour nourrir cette communauté.

Dieu seul sait comment ces hommes de dévouement ont pu vivre ainsi pendant vingt-cinq ans. Ils manquaient de tout, mais ils ne retranchèrent jamais rien de leurs travaux ordinaires.

Tandis qu'ils menaient une vie si rude, ils ne recevaient souvent pour toute récompense que le mépris et l'outrage. A peine pouvaient-ils se montrer, sans recevoir une injure; on les couvrait de boue, on leur jetait des pierres, on alla jusqu'à les frapper indignement. A l'oubli des riches, à l'ingratitude des pauvres, venait s'ajouter une autre épreuve non moins pénible : la haine et les calomnies des maîtres écrivains; mais la patience du Bienheureux et de ses disciples ne se démentit jamais.

XIX

Nouvelles épreuves.

1709 — 1712

L'année 1709 fut très dure aux pauvres gens. La récolte avait été mauvaise, l'hiver fut long et rude. La famine sévit sur toute la France. Les Frères de Paris commencèrent par se réduire au strict nécessaire. Malgré la rigueur du froid, ils n'eurent pas de feu, et leurs vêtements usés ne furent pas remplacés. Le Bienheureux était au milieu d'eux, partageant leur détresse, soutenant leur courage.

— Ne craignez point, leur disait-il; Dieu ne manque jamais à ceux qui espèrent en lui. Tout est accordé à la foi vive, à la confiance parfaite, même les miracles, quand ils sont nécessaires. Jésus-Christ s'est obligé, envers ceux qui cherchent son royaume et sa justice, de leur fournir tout le reste. Jamais il ne l'a refusé à ceux qui le servent....

Il en fit lui-même l'expérience. Un jour, les dernières provisions étaient épuisées, et il n'y avait plus de pain à l'office. Le Bienheureux eut alors recours à la prière. Comme il sortait pour aller dire la messe, il rencontra une personne charitable qui lui demanda où il allait :

— Je m'en vais célébrer la sainte messe, répondit-il, et prier Dieu qu'il envoie ce qui est nécessaire aujourd'hui à notre communauté qui est dépourvue de nourriture et n'a pas de quoi en avoir.

— Allez en paix, lui dit son interlocuteur; je vais y pourvoir moi-même.

Et il porta sur-le-champ dix écus à la communauté.

A la suite de la misère vint la maladie. Une épidémie de scorbut sévissait à Paris; elle éclata dans la maison des Frères. Le Bienheureux ne se troubla point. Il établit une infirmerie, y plaça ses malades, les isola du reste de la communauté et leur procura les remèdes dont ils avaient besoin. La maladie et la disette passèrent avec l'hiver; la joie succéda à la douleur. Mais pour le Bienheureux, qui était attaché à la croix, les épreuves ne cessaient pas : elles ne faisaient que changer de nature.

Au mois de décembre 1707, M. de la Salle était dans une maison de la rue Saint-Honoré, à Paris, occupé à se faire soigner par des chirurgiens d'une tumeur qu'il avait gagnée au genou par suite de ses oraisons prolongées, quand on lui annonça la visite d'un jeune abbé, qui désirait l'entretenir. A peine entré, le jeune homme se jette à ses pieds et le supplie de le seconder dans une pieuse entreprise qu'il a conçue. Il veut élever des jeunes gens de dix à vingt ans, pour leur faire apprendre un métier et les former à la vie chrétienne :

— Mon père est riche, disait-il, il me donne une pension de huit cents livres, dont je suis le maître. J'attends d'autres revenus. Seulement j'ai besoin d'assistance....

A toutes ces ouvertures brillantes, le Bienheureux ne répondit qu'en peu de mots; il voulut examiner, réfléchir, attendre. Un an se passa de la sorte. Le jeune abbé redoublant ses sollicitations et ses importunités, le serviteur de Dieu prit le parti de consulter l'archevêque. Celui-ci encouragea l'œuvre nouvelle. Aussitôt le jeune abbé, secondé par son précepteur et par un ami de M. de la Salle, s'occupa d'acheter une maison à Saint-Denis, et l'œuvre fut commencée.

Cependant le Bienheureux avait entrepris un voyage en Provence pour la visite des établissements qu'il y avait fondés. Tout à coup il reçoit des lettres inquiétantes de Paris. Ses adversaires avaient profité de son absence pour organiser contre lui une affaire qui devait infailliblement le perdre, le ruiner et le déshonorer du même coup. On l'accusait d'avoir suborné un mineur. Le Bienheureux, stupéfait de tant d'audace, craignit que ses Frères ne fussent inquiétés à cause de lui; malgré son horreur des procès, il réunit les pièces qui démontraient son innocence, rédigea un mémoire justificatif et remit le tout à quelques personnes qu'il pria de lui faire rendre justice. Là encore il fut trahi. Ses défenseurs se laissèrent circonvenir et conclurent contre lui. Quand il rentra à Paris, ce fut pour apprendre sa perte.

En se voyant ainsi abandonné de tout le monde, trahi par ceux en qui il avait mis sa confiance, injustement déshonoré, injustement menacé de la prison, le Bienheureux n'avait plus qu'à se dérober par la fuite à cette persécution. Il pensait que sa disparition aurait désarmé la haine de ses ennemis contre ses enfants. Il confia le gouvernement de son Institut au Frère Barthélemy qui lui paraissait plus capable qu'aucun autre de remplir cette mission délicate, et il partit secrètement sans dire où il allait.

La réparation viendra pour le Bienheureux, mais elle sera tardive. Il est vrai que les saints savent attendre. Le jeune homme qui avait causé cette tempête porta la peine de sa lâcheté : quelque temps après il fut condamné aux galères pour entreprise contre l'État. Et l'ami de M. de la Salle qui avait agi de concert avec le jeune homme fut saisi de remords. On trouva dans son testament une rente de trois cent soixante livres léguée au Bienheureux *par raison de conscience.*

XX

Visite générale des maisons de l'Institut.

1712

En attendant que son innocence fût reconnue, M. de la Salle résolut de faire la visite générale des maisons de son Institut.

Il arriva à Avignon vers la fin du carême de l'année 1712. Les Frères, qui ne l'attendaient pas, furent on ne peut plus agréablement surpris de revoir leur bon Père. Ils lui donnèrent tous les témoignages de l'attachement le plus vif et du respect le plus profond. Ils auraient voulu le garder longtemps pour jouir de sa présence et profiter de ses entretiens; mais le Bienheureux voulut poursuivre sa route à travers les Cévennes.

D'Avignon il se rendit à Alais, où il fut reçu avec le plus grand empressement, non seulement par les Frères, mais encore par les personnes les plus distinguées de la ville et surtout par l'évêque qui lui fit un magnifique éloge de ses disciples et de leur École.

Après quelques jours, le Bienheureux se rendit aux Vans, petite ville du diocèse d'Uzès. Jamais joie ne fut plus grande que celle des Frères de cet endroit. Perdus au milieu des montagnes, ils n'espéraient guère recevoir la visite de leur Père, qu'ils avaient quitté depuis plusieurs années. Sa joie ne le céda pas à la leur, quand il vit avec quelle application et quelle patience ils instruisaient les enfants des hérétiques. Il n'eut qu'à les exhorter à la persévérance, et il les quitta pour aller à Mende.

Il souffrit extrêmement pendant le voyage : plusieurs fois même il faillit perdre la vie en franchissant les froides montagnes du Gévaudan par des sentiers fort étroits et bordés de précipices affreux; il arriva enfin au milieu de ses enfants. Le saint Fondateur leur donna un exemple remarquable de sa fidélité à observer le règlement qu'il leur avait tracé. L'évêque de Mende, voulant lui prouver son estime et son affection, insista beaucoup pour l'avoir à sa table, et le lui demanda même comme une faveur; mais il ne lui fut jamais possible de vaincre sa résistance. L'humble prêtre s'en excusa, en lui alléguant qu'il devait à ses disciples l'exemple d'une inflexible observation à la règle.

Après quelque temps passé à Mende, il revint aux Vans en passant par Uzès, où il avait une affaire à régler avec l'évêque de cette ville; puis il vint à Marseille, où l'attendaient les plus grandes tribulations.

Lorsque le Bienheureux arriva, beaucoup d'ecclésiastiques éminents et de personnages distingués de la ville s'empressèrent de lui rendre visite. Ils le félicitèrent sur son entreprise, montrèrent un grand zèle pour en favoriser l'expansion et se mirent à son service pour de nouvelles fondations.

On songea à ouvrir de nouvelles écoles, et surtout à établir à Marseille un noviciat de l'Institut, qui aurait été comme une pépinière de Frères pour toute la Provence. Tout allait à merveille; dès le mois de septembre 1712, le noviciat était installé. Le Bienheureux était charmé autant que surpris de ce succès extraordinaire. Or la plupart des ecclésiastiques qui s'étaient liés avec lui à son arrivée dans la ville appartenaient à la secte des jansénistes dans laquelle ils se flattaient de l'entraîner. Celui-ci, simple comme toutes les âmes droites, n'avait pas pénétré leur dessein. Mais quand il découvrit leurs intrigues, bien loin de céder aux idées nouvelles, il montra la ferme volonté de tout souffrir plutôt que de trahir la vérité. Dès lors sa perte fut résolue.

Le Bienheureux fut en butte à toutes les calomnies; le zèle des bienfaiteurs se ralentit; la gêne pénétra dans la communauté; plusieurs novices se retirèrent; les Frères les plus constants se sentirent troublés. Tout le monde se tournait contre leur Supérieur : il fallait donc qu'il fût coupable, et il ne pouvait avoir raison contre tous. Les autres

Écoles de la Provence ressentirent le contrecoup de cette opposition formidable.

Et lui, se voyant chassé de Paris, momentanément inutile à ses Frères, devenu à Marseille une occasion de troubles et de désordres, il crut que le moment était venu d'aller se jeter aux pieds du Souverain Pontife et lui demander la confirmation de son Institut. Une nouvelle contrariété vint l'arrêter sur le rivage au moment où il allait s'embarquer.

Ce fut le moment le plus critique de la vie du Bienheureux. Effrayé de tant de contradictions, il sentit le découragement et la tristesse envahir son âme, et il se prit à douter que son œuvre fût bénie de Dieu, ou qu'il fût l'instrument désigné pour l'accomplir. Dans cette cruelle perplexité, il recourut à la prière et redoubla ses mortifications afin d'obtenir du Ciel force et lumière. Mais Dieu se dérobait lui-même à son serviteur : il pria sans goût, sans sentiment; son âme restait dans les ténèbres et son cœur dans l'angoisse.

Il se retira alors dans une solitude située au milieu des montagnes, à une dizaine de lieues de la ville, à l'ermitage de Saint-Maximin.

— Je suis persuadé, disait-il, que mon absence pourra calmer mes ennemis et leur inspirer des pensées de paix pour mes chers enfants.

La direction du noviciat de Marseille fut confiée au Frère Timothée, homme très pieux, qui devait plus tard gouverner l'Institut. Mais la tempête ne se calmait pas. Et le Bienheureux, inquiet pour les autres, résolut de s'éloigner davantage et de se rendre à Mende où, à son passage, il avait rencontré un si affectueux accueil. Là il trouva les esprits tout changés : on alla jusqu'à l'accuser d'avoir causé la ruine des établissements de Marseille et de semer partout sur scs pas la misère et le malheur. Il reçut sans murmurer ces injustes reproches, et il attendit avec confiance que Dieu vînt à son secours.

XXI

Le Bienheureux à Mende et à Grenoble — Son retour à Paris.

1713 — 1714

Le Bienheureux se retira à Mende chez les Pères Capucins. Il commençait à y goûter quelque repos, lorsque le Frère Timothée arriva de Marseille et lui annonça de tristes événements. Les jansénistes avaient voulu anéantir le noviciat des Frères : ils avaient découragé les vocations, tari la source des aumônes, et la maison avait été fermée. Tout en larmes, le fidèle disciple tombe aux pieds du bon Père, et il le supplie de venir reprendre le gouvernement de son Institut.

— Pourquoi, lui dit alors le Bienheureux, venez-vous troubler ma joie? Je trouve tant de charme dans ma retraite, que je suis résolu de me condamner à un éternel silence.

— Vous êtes nécessaire à vos enfants, reprit le Frère.

— A quoi pensez-vous de vous adresser

à moi, répondit le Bienheureux, ne connaissez-vous pas mon insuffisance à commander aux autres? Ne savez-vous pas que plusieurs d'entre vous ne veulent plus de moi pour leur supérieur? Et ils ont bien raison, car je suis incapable de l'être.

Le Frère Timothée ne parvint pas à le fléchir.

Le saint prêtre ne passa que deux mois à Mende. Il quitta cette ville pour se rendre à Grenoble, où il arriva au mois d'octobre 1713. Là se trouvait une École dont les Frères étaient pleins d'attachement à leur règle et de vénération pour leur pieux Fondateur. Il jouit au milieu d'eux d'une paix profonde, oublié des hommes, mais employant ses jours et une partie de ses nuits en entretiens avec Dieu.

Au mois de janvier 1714, il alla vénérer à la Grande Chartreuse les lieux sanctifiés par la présence de saint Bruno. Près d'un siècle après, on y conservait encore le souvenir de sa piété extraordinaire. Cependant il ne s'était pas fait connaître. Il craignait les honneurs qui auraient pu lui être rendus à cause de son ancien titre, et défendit aux Frères qui l'accompagnaient de prononcer son nom. Le prieur du monastère, voyant son goût pour la retraite et le silence, l'engageait à rester au milieu de ses religieux. Mais Dieu l'appelait ailleurs. Il s'arracha donc à l'attrait qu'il éprouvait pour cette vie silencieuse, et, après trois jours passés à jouir de ces délices, il revint à Grenoble.

Le Bienheureux se créa une solitude dans le monde. Dès son arrivée, il avait pris soin de rester inconnu. Il ne fit pas de visites, et n'en reçut pas. Il passa ses jours et ses nuits dans son humble cellule, et donna ses loisirs à la révision des ouvrages de piété qu'il avait composés.

Toutefois, il ne négligeait pas son Institut. L'ordre s'était rétabli dans les maisons de Provence; le Frère Timothée en fut nommé visiteur. Un des Frères de Grenoble fut envoyé en d'autres maisons, peut-être même jusqu'à Paris, porter les instructions nécessaires.

Pendant ce temps-là, l'humble Supérieur prit la place du Frère absent, et ne voulut se dispenser d'aucune des obligations qui y étaient attachées. Tous les matins il conduisait les enfants deux à deux à l'église, et

célébrait la messe avec une piété et un recueillement qui l'avaient fait surnommer *le saint prêtre*, puis il se rendait assidûment à la classe pour enseigner aux petits l'*a b c*, aux plus grands la lecture et l'écriture, et à tous les premières notions de la Doctrine chrétienne. Dès que le Frère qu'il avait envoyé en mission fut de retour, il rentra dans sa retraite, et reprit ses travaux et ses prières.

C'est pendant qu'il goûtait ainsi un peu de repos au milieu de ses enfants de Grenoble que fut publiée la bulle *Unigenitus* qui condamnait les doctrines du jansénisme. Il la reçut et la fit recevoir avec la soumission la plus entière. Cette conduite lui attira à Grenoble de nouvelles tracasseries. Le parti janséniste était puissant partout; il se défendit avec ses armes habituelles, l'injure et la calomnie, et répandit contre le Bienheureux beaucoup de propos outrageants. Par bonheur, sa réputation à Grenoble était affermie, et l'éclat n'en fut pas terni.

Les jansénistes de Paris crurent que le moment était favorable pour introduire dans la constitution de l'Institut les changements qu'ils poursuivaient depuis dix ans. Profitant de l'absence du Bienheureux, ils avaient accrédité le bruit qu'il n'avait pu supporter la règle qu'il avait imposée aux autres et qu'il avait quitté l'Institut. Cette règle devait donc être modifiée. Leur plan était de donner aux Frères pour supérieur, dans chaque ville, un prêtre qui serait étranger à leur Institut ; chaque maison serait indépendante des autres; le noviciat central serait supprimé; les Frères de Paris formeraient une société distincte. C'était la ruine de l'œuvre. Les Frères les plus anciens le comprirent. La présence du saint Fondateur pouvait seule conjurer un tel malheur. Mais comment vaincre sa résistance? Ils imaginèrent un expédient singulier : c'était de lui intimer un ordre. Ils se réunirent et lui adressèrent la lettre suivante :

« Monsieur, notre très cher père, nous, principaux Frères des Écoles chrétiennes, ayant en vue la grande gloire de Dieu, le plus grand bien de l'Église et de notre Société, reconnaissons qu'il est d'une extrême conséquence que vous repreniez le soin et la conduite générale du saint œuvre de DIEU qui est aussi le vôtre, puisqu'il a plu au Seigneur de se servir de vous pour l'établir et le conduire depuis si longtemps. Tout le monde est convaincu que DIEU vous a donné et vous donne les grâces et les talents nécessaires pour bien gouverner cette nouvelle compagnie, qui est d'une si grande utilité à l'Église, et c'est avec justice que nous rendons témoignage que vous l'avez toujours conduite avec beaucoup de succès et d'édification. C'est pourquoi, Monsieur, nous vous prions très humblement et nous vous *ordonnons* au nom et de la part du corps de la Société auquel vous avez promis obéissance, de prendre incessamment soin du gouvernement général de notre Société. Nous sommes avec un très profond respect, Monsieur notre très cher père, vos très humbles et très obéissants inférieurs. En foi de quoi nous avons signé. Fait à Paris, le 1er avril 1714. »

Le serviteur de DIEU lut cette lettre avec respect. Ses hésitations cessèrent. Il prit congé de ses amis, quitta Grenoble, et s'achemina vers Paris.

XXII

Élection du Frère Barthélemy, comme supérieur général de l'Institut.

1714 — 1717

Le Bienheureux arriva à Paris le 10 Août 1714. Ses premières paroles, en abordant les Frères, furent celles-ci :

— Me voici, que désirez-vous de moi?

Les Frères le supplièrent aussitôt de reprendre le gouvernement de l'Institut. Il s'en défendit vivement, et il exposa les raisons qu'il avait pour ne plus accepter ce fardeau. Les Frères qui avaient trop souffert de son absence se jetèrent à ses pieds en le conjurant de garder au moins le titre de Supérieur. Le Bienheureux ne put résister à des désirs exprimés d'une façon si pressante. Toutefois il ne voulut ni conduire la maison, ni présider aux exercices : il laissa au Frère Barthélemy, qui en avait l'habitude, le soin des détails de l'administration.

Quelque temps après le retour du saint

prêtre à Paris, un jeune Luthérien converti, le chevalier d'Armestat, était entré au noviciat. Il fut presque aussitôt saisi d'une maladie étrange, dans laquelle on put reconnaître tous les caractères d'une véritable possession. Le Bienheureux se rendit dans la chambre du Frère, s'enferma avec lui, fit toutes les cérémonies des exorcismes, et le malheureux novice fut entièrement guéri.

Le démon se vengea en déchaînant contre le Bienheureux la haine des Jansénistes. Ce fut un motif pour lui de renvoyer son noviciat à Rouen, dans la maison de Saint-Yon.

Le Frère Barthélemy partit au mois d'octobre 1715 avec trois ou quatre novices. Depuis longtemps, hélas ! on ne lui avait pas permis d'en avoir davantage. Le Bienheureux les y suivit durant les premiers jours de décembre de la même année, et s'adonna tout entier à la réorganisation de cette œuvre, qu'il considérait comme la base de l'Institut.

L'année suivante, le Frère Barthélemy pria le saint Fondateur de visiter les Écoles que les Frères avaient dans le Nord. M. de la Salle obéit. Au commencement du mois d'août 1716, il partit pour Calais, où il fut reçu avec beaucoup d'honneur par les magistrats et par les habitants de la ville. De Calais, il se rendit à Saint-Omer, où sa présence était depuis longtemps désirée. De Saint-Omer il revint à Rouen, en passant par Boulogne. Partout on le vénérait comme un saint ; les personnes les plus considérables voulaient le voir, le recevoir, s'éclairer de ses conseils, admirer ses vertus. Mais lui, craignant ces honneurs plus que les persécutions et les outrages, se hâta de regagner sa chère solitude de Saint-Yon.

A peine fut-il de retour qu'il se préoccupa d'exécuter le projet, formé depuis si longtemps, de se démettre et de faire élire en sa place un autre supérieur général. Il n'était pas fort âgé, puisqu'il n'avait alors que soixante-cinq ans; mais les fatigues et les austérités avaient affaibli sa constitution, et il regardait sa mort comme prochaine. Les orages qui, pendant son absence, avaient ébranlé son Institut et menacé d'en bouleverser l'esprit et la règle, lui faisaient craindre des maux beaucoup plus grands, s'il venait à mourir avant d'avoir réglé sa succession. Enfin, il aspirait à un peu de repos, afin de pouvoir s'occuper plus particulièrement de son propre salut. Ses infirmités, sa santé chancelante ne pouvaient plus d'ailleurs suffisamment seconder son courage.

En exposant ces raisons aux Frères, le Bienheureux les remercia de l'attachement qu'ils lui conservaient, et leur fit voir qu'il serait dangereux de ne vouloir écouter que cet attachement.

— Du reste, ajoutait-il, en renonçant absolument à ma charge, mon dessein n'est pas de vous devenir ni étranger, ni inutile; mais je vous continuerai toujours mes services avec la même affection qu'auparavant jusqu'au dernier soupir.

Les Frères finirent pas acquiescer à ses instances. On convint qu'il fallait convoquer une Assemblée générale; que tous les directeurs, en y venant, apporteraient une promesse par écrit de leurs inférieurs, qu'ils approuveraient tout ce qui serait fait dans cette Assemblée et qu'ils se soumettraient à celui qui réunirait le plus grand nombre de voix. Le Frère Barthélemy fut désigné pour aller avertir les directeurs de toutes les maisons de l'Institut, et le noviciat de Saint-Yon fut indiqué comme le lieu où tous devaient se réunir.

L'Assemblée s'ouvrit vers les fêtes de la Pentecôte de l'année 1717.

La plupart des maisons y furent représentées : celles d'Alais, de Boulogne, de Calais, de Chartres, de Grenoble, de Guise, de Laon, d'Avignon, de Paris, de Reims, de Rouen, de Darnetal, de Rethel, de Versailles et de Saint-Denis envoyèrent leurs directeurs; celles de Moulins, de Dijon, de Troyes, de Mende, des Vans et de Marseille ne purent s'y faire représenter.

Le Bienheureux fit connaître aux membres de l'Assemblée le but principal de leur convocation, et leur adressa ses recommandations paternelles ; puis il se retira dans sa cellule pour joindre ses prières à celles de ses enfants et appeler sur eux toutes les bénédictions du ciel. C'était le 16 mai. Deux jours, après, le 18 mai 1717, le Frère Barthélemy fut élu à l'unanimité Supérieur général des Frères des Écoles Chrétiennes.

Cette nouvelle ne surprit pas le saint Fondateur :

— Il y a longtemps qu'il en fait les fonctions, dit-il en l'apprenant.

Le choix des Frères venait de ratifier celui que, dès l'origine, il avait indiqué lui-même.

Les membres de l'Assemblée continuèrent les exercices de leur retraite jusqu'au dimanche de la Trinité, qui est la grande fête de l'Institut. Ce jour-là, ils vinrent tous ensemble se prosterner au pied de l'autel, et ils renouvelèrent leurs vœux.

Le bon Père s'occupa ensuite avec ses enfants des Règles de l'Institut. On leur donna une forme définitive, afin qu'elles fussent approuvées par le Saint-Siège; on eut soin d'y mettre que les Frères n'auraient pour Supérieur que l'un d'entre eux; et on les envoya dans toutes les maisons, avec la signature du Frère Barthélemy, pour y être uniformément observées.

XXIII

Dernières années du Bienheureux.

1717 — 1719

Le nouveau Supérieur ne pouvait assez témoigner son respect au pieux Fondateur de l'Institut; jamais il ne faisait rien sans le consulter, et toujours il montrait une déférence entière à ses conseils.

Le Bienheureux, de son côté, ne songeait plus qu'à se sanctifier chaque jour davantage par la pratique de l'obéissance et de l'humilité. Il ne faisait rien sans permission ; il n'eût pas quitté sa cellule sans une autorisation formelle. Le Frère Barthélemy, édifié mais en même temps contristé d'une si grande exactitude, voulut lui donner des dispenses générales ; cette condescendance ne pouvait guère s'accorder avec les sentiments du saint vieillard. A ceux qui venaient solliciter ses lumières :

— Gardez-vous bien de vous adresser à moi, disait-il; je ne veux plus me mêler de rien que de penser à la mort et de pleurer mes péchés.

Au réfectoire, il voulait la dernière place; à la récréation, il se tenait humblement parmi les plus petits; partout, suivant la belle expression de ses contemporains, il ne pouvait *se désoccuper de* DIEU.

Une affaire très délicate et très importante pour l'Institut détermina le Frère Barthélemy à l'envoyer à Paris. Il y arriva le 4 octobre 1717. Redoutant les honneurs qui l'attendaient dans la maison des Frères, il alla demander l'hospitalité au Séminaire de Saint-Nicolas du Chardonnet, où il espérait vivre plus tranquille et plus ignoré. Il y resta environ six mois.

Ce temps a été court, disait plus tard le Supérieur de cette sainte maison, mais il n'en a pas fallu davantage pour reconnaître en lui les dons particuliers que DIEU y avait mis, et les grâces même qu'il s'étudiait le plus à cacher aux hommes.

Sa piété, sa régularité, sa mortification, son humilité exhalaient un tel parfum d'édification, que les hôtes du Séminaire furent tentés de le retenir parmi eux.

Le Bienheureux eut lui-même beaucoup de peine à sortir de cette paisible retraite. Mais ses enfants étaient impatients de le revoir : ils craignaient que la mort ne vînt le surprendre dans une maison étrangère. Le Frère Barthélemy alla le chercher.

Avant de quitter Paris, le bon Père voulut visiter une dernière fois les Frères de cette ville; il leur fit les adieux les plus touchants, comme ne devant plus les revoir. Tous se pressèrent autour de lui, et, vivement émus, ils lui demandèrent sa bénédiction. L'humble prêtre s'y refusait, alléguant qu'il n'en était pas digne. Les Frères insistèrent avec tant de tendresse, de respect et de douleur, qu'à la fin il céda. Puis il partit pour Saint-Yon avec le Frère Barthélemy. C'était le 7 mars 1718.

Arrivé à Saint-Yon, il se retira dans la chambre la plus humble de la maison, et il y vécut dans la solitude et le silence. Tout son temps se passait à prier, à confesser ceux de la maison, à entretenir les Frères des choses spirituelles, à former les novices, à élever les jeunes pensionnaires, à convertir les « renfermés. » Durant ses heures libres, il travaillait à quelques écrits pour la sanctification des Frères, et entre autres à la *Méthode d'Oraison*, où il aplanissait les difficultés qui ont coutume d'arrêter, de dégoûter même ceux qui commencent à se livrer à ce saint exercice.

Le Bienheureux aimait à entretenir de temps en temps les novices sur un sujet si important. Il leur demandait comment ils s'y prenaient pour méditer; il les redressait quand il voyait qu'ils s'étaient trompés. Il leur signalait les causes principales de l'ennui qu'on éprouve à l'oraison, savoir : le défaut de préparation, la négligence pour se tenir en la présence de Dieu, la crainte de faire de vrais progrès dans la vie spirituelle, le refus de faire à Dieu les petits sacrifices qu'il demande. Il les exhortait ensuite à être plus généreux au service d'un si bon Maître et à se donner à lui sans réserve, sans retour.

Mais ses épreuves n'étaient pas encore terminées. Dieu le voulait ainsi pour sa gloire et pour la sanctification de son serviteur.

On voulut entraîner les Frères dans le Jansénisme, et on prétendit que le Bienheureux avait du penchant pour les doctrines nouvelles. Le bon Père protesta par une lettre admirable où éclatent sa foi et sa soumission à l'Église. Il terminait en disant :

— Après la décision authentique de l'Église, je dis avec saint Augustin que la cause est finie. Voilà quel est sur cela mon sentiment et ma disposition, qui n'a pas été autre, et que je ne changerai jamais.

Cette lettre fut écrite le 28 janvier 1819, trois mois avant sa mort.

Presqu'en même temps le curé de Saint-Séver exigeait, pour l'édification de sa paroisse, que les Frères se soumissent à des pratiques incompatibles avec leur règle et le bon ordre de leur maison. Un accord avait été fait entre eux ; mais quelques articles de ce règlement étant devenus impraticables, le curé en fit retomber la responsabilité sur le Bienheureux.

XXIV

Dernière maladie et mort du Bienheureux.

1719

L'archevêque de Rouen se laissa tellement prévenir contre le serviteur de Dieu qu'il lui retira tous ses pouvoirs comme à un prêtre indigne. Il supporta cette nouvelle épreuve avec sa sérénité accoutumée, et rien ne put lui arracher une parole amère, ni une marque de vivacité et d'impatience.

Le Bienheureux avait le pressentiment de sa fin. Il souffrait depuis longtemps d'un rhumatisme qu'il avait gagné dans la petite maison de Vaugirard, en passant un hiver sans feu, dans une cellule ouverte à tous les vents, avec du linge humide. Un asthme s'y était joint. Les souffrances devenaient plus vives et ne lui laissaient de relâche, ni le jour ni la nuit. Un Frère lui ayant écrit pour le consulter :

— Je vous prie pour l'amour de Dieu,

répondit-il, ne vous adressez plus à moi, mon cher Frère. Vous avez vos supérieurs à qui vous devez communiquer vos affaires spirituelles et temporelles. Je ne veux plus dorénavant penser qu'à la mort, qui me doit bientôt séparer de toutes les créatures.

Le carême de 1719 commença. Il voulut en observer fidèlement toutes les prescriptions. Les Frères lui représentèrent qu'il devait se ménager davantage.

— La victime va être immolée, leur dit-il, il faut la purifier.

Mais, toujours guidé par la sainte vertu d'obéissance, il sacrifia bientôt sa propre volonté à celle de son confesseur, et se conforma à tout ce qu'on lui prescrivit sous ce rapport.

Cependant ses forces diminuaient rapidement ; d'autres maux vinrent aggraver ses infirmités habituelles, et, vers la mi-carême, il fut contraint de garder le lit. A mesure que le danger augmentait, la joie croissait en même temps dans son âme.

— J'espère, s'écriait-il, que je serai bientôt délivré de l'Égypte pour être introduit dans la véritable Terre promise.

La fête de saint Joseph, qui tombe le 19 mars, approchait. Le Bienheureux avait une dévotion particulière à ce grand saint, sous la protection duquel il avait mis son Institut. Il désirait vivement célébrer une dernière fois la messe en son honneur. Contre toute espérance cette faveur lui fut accordée. La veille de la fête, vers les dix heures du soir, ses douleurs diminuèrent, les forces lui revinrent tout à coup; il n'osait croire lui-même à ce qu'il éprouvait, tant il en était surpris. Le lendemain, il put se lever et monter à l'autel.

Les Frères ne pouvaient en croire leurs yeux. Ils ne purent douter qu'un miracle ne leur eût rendu leur bon Père, et ils rendaient mille actions de grâces à Dieu et à leur saint Patron. Le Bienheureux célébra le saint sacrifice avec autant de facilité et de présence d'esprit, avec autant de ferveur et de recueillement que s'il eût été en parfaite santé.

Après la messe, les Frères s'empressèrent de venir le féliciter et de lui demander des détails sur le prodige qui s'était opéré en sa personne. Le bon Père les satisfit le mieux qu'il put, écouta leurs dernières confidences, puis il se [illegible] premier état de [illegible], et la joie [illegible] enfants s'était changée en douleur.

Le curé de Saint-Sever accourut aussitôt. Jugeant, comme les autres, qu'il n'y avait plus de remède, et craignant, d'après la sécurité du malade, que celui-ci ne gardât quelque illusion, il crut devoir lui dire la vérité sans équivoque.

— Sachez, lui dit-il, que vous allez mourir, et qu'il vous faudra ensuite comparaître devant Dieu.

— Je le sais, répondit le Bienheureux, et je suis très soumis à ses ordres. Mon sort est entre ses mains. Que sa volonté soit faite !

Le mardi de la Semaine sainte, il se trouva beaucoup plus mal ; il demanda le Saint Viatique. On lui promit de le lui apporter le lendemain. Il passa toute la nuit à se bien disposer à la réception de son Dieu ; sa cellule fut décorée avec autant d'élégance que le permettait la pauvreté de la maison. Lorsque l'heure de l'administrer fut venue, il voulut absolument qu'on le tirât de son lit ; il se fit revêtir d'un surplis et d'une étole, et, au son de la cloche qui annonçait l'approche du prêtre, il se précipita à genoux et reçut la communion avec l'amour le plus ardent, la dévotion la plus tendre. Tous les assistants en furent vivement impressionnés.

Le lendemain, qui était le Jeudi Saint, on lui donna l'Extrême-Onction. Il reçut ce sacrement avec une parfaite connaissance, faisant tout haut des actes de contrition et répondant à toutes les prières. Ses enfants, fondant en larmes, entouraient son lit. Il parla en particulier à quelques-uns d'entre eux; puis, s'adressant à tous :

« Je recommande premièrement mon âme à Dieu, leur dit-il, et ensuite tous les Frères de la Société des Écoles chrétiennes, auxquels il m'a uni. Je leur recommande, sur toutes choses, d'avoir toujours une entière soumission à l'Église; et, pour en donner des marques, de ne se désunir en rien de notre Saint Père le Pape et de l'Église romaine, se souvenant que j'ai envoyé deux Frères à Rome, pour demander à Dieu que leur Société leur fût toujours entièrement soumise. Je leur recommande aussi d'avoir une grande dévotion envers Notre-Seigneur, d'aimer beaucoup la sainte Communion et l'exercice de l'oraison, d'avoir une dévotion particulière envers la Très Sainte Vierge et envers saint Joseph, patron et protecteur de leur Société ; de s'acquitter de leur emploi avec zèle et avec désintéressement, et d'avoir entre eux une union intime et une obéissance aveugle envers leurs supérieurs, ce qui est le fondement et le soutien de toute la perfection dans une communauté. »

Il eut beaucoup de peine à prononcer ces dernières paroles, et sa voix s'affaiblit tellement qu'on ne put plus l'entendre. Les Frères, désolés, se jetèrent tous à genoux, et lui demandèrent sa bénédiction. Comme cette demande troublait son humilité, le Frère Barthélemy prit la parole et le pria de bénir tous les Frères de l'Institut, les présents et les absents. Alors, comme un vénérable patriarche, entouré d'une nombreuse famille, il leva les yeux au ciel, étendit les mains, et avec un accent de tendresse ineffable, il dit :

— Que le Seigneur vous bénisse tous !

Les Frères répondirent par des sanglots. Jamais ils n'avaient si bien compris combien leur bon Père leur était nécessaire. Mais une pensée les consolait : s'ils allaient le perdre sur la terre, ils auraient en lui dans le ciel un puissant protecteur.

Le soir, il perdit connaissance. On récita les prières des agonisants. Quand elles furent terminées, il revint à lui et adressa aux Frères quelques paroles :

« Si vous voulez vous conserver et mourir dans votre état, n'ayez jamais de commerce avec les gens du monde. Peu à peu vous prendrez goût à leur manière d'agir et entrerez si avant dans leur conversation, que vous ne pourrez plus vous défendre, par politesse, d'applaudir à leurs discours, quoique bien pernicieux : ce qui sera cause que vous tomberez dans l'infidélité. N'étant plus fidèles à vos règles, vous vous dégoûterez de votre état, et enfin vous l'abandonnerez. »

Une sueur froide l'interrompit, et l'agonie commença. Elle dura depuis minuit jusqu'à deux heures et demie du matin, et fut rude. On était dans la nuit du Vendredi Saint, et le Bienheureux était associé à la Passion du Sauveur. Vers le matin, il parut reprendre un peu de force. On lui suggéra d'implorer l'assistance de la Sainte Vierge, et il récita la prière qu'il avait coutume de dire toujours à la fin de la journée : MARIA, *mater gratiæ, mater misericordiæ!*

Le Frère Supérieur lui demanda ensuite s'il acceptait avec joie les peines qu'il souffrait :

— Oui, répondit-il, j'adore, en toutes choses, la conduite de DIEU à mon égard.

Ce furent ses dernières paroles.

A trois heures du matin, il entra de nouveau en agonie. Le corps était agité, mais le visage calme et serein. Vers quatre heures, il fit un effort comme pour se lever et aller au-devant de quelqu'un, joignit les mains, leva les yeux au ciel, et remit son âme à DIEU.

Ainsi mourut de la mort des justes, le 7 avril 1719, à l'âge de soixante-huit ans, le bienheureux Instituteur des Frères des Écoles Chrétiennes.

« C'était un saint ! Le saint prêtre est mort ! » Tels furent les cris d'admiration arrachés spontanément à ses adversaires eux-mêmes, par la nouvelle de son décès. On accourut en foule pour le voir une dernière fois. Chacun voulait contempler les traits de son visage et emporter de lui quelque souvenir. Un crucifix, un Nouveau-Testament, une *Imitation de Jésus-Christ*, un chapelet, un bréviaire, composaient toutes ses richesses. On se partagea ses pauvres habits et on recueillit ses cheveux avec un grand respect.

Le corps du saint prêtre resta exposé dans la chapelle de Saint-Yon, revêtu de ses ornements sacerdotaux, depuis le vendredi soir jusqu'au samedi dans l'après-midi. Ses funérailles furent un véritable triomphe.

Il fut d'abord inhumé dans l'église de Saint-Sever ; mais en 1734, ses précieux restes furent rendus à ses disciples qui les transportèrent dans leur chapelle de Saint-Yon, dont la construction venait d'être achevée. En 1793, les révolutionnaires ouvrirent le tombeau et volèrent le plomb du cercueil ; mais ils laissèrent le corps à peu près intact. En 1835, quand la cause de canonisation eut été introduite, on exhuma les restes du Bienheureux, on reconnut leur identité, et on les confia à la garde de ses enfants. Ils reposent, depuis 1881, dans la chapelle du pensionnat des Frères de Rouen.

[illegible] gens de bien pleurèrent le [illegible] de la Salle; ses enfants surtout [illegible] s'en consoler. Le Supérieur [illegible] obligé de recourir à tous les motifs [illegible] fournit pour relever leur courage. « N'attristez point l'Esprit de Notre Seigneur, qui est en vous, écrivit-il à l'un d'eux [illegible] votre tristesse démesurée au sujet de notre très cher Père. Je ne suis comme je [illegible], je suis triste et joyeux tout ensemble [illegible] que j'ai de sa sainte vie, jointe au souvenir de plusieurs choses extraordinaires [illegible] au temps et au sujet de sa mort, me console. Soyez donc plus gai, car la tristesse qui ne vient pas du mouvement du Saint-Esprit est dangereuse et a été [illegible] [illegible]. »

Dieu ne tarda pas à manifester par des faits

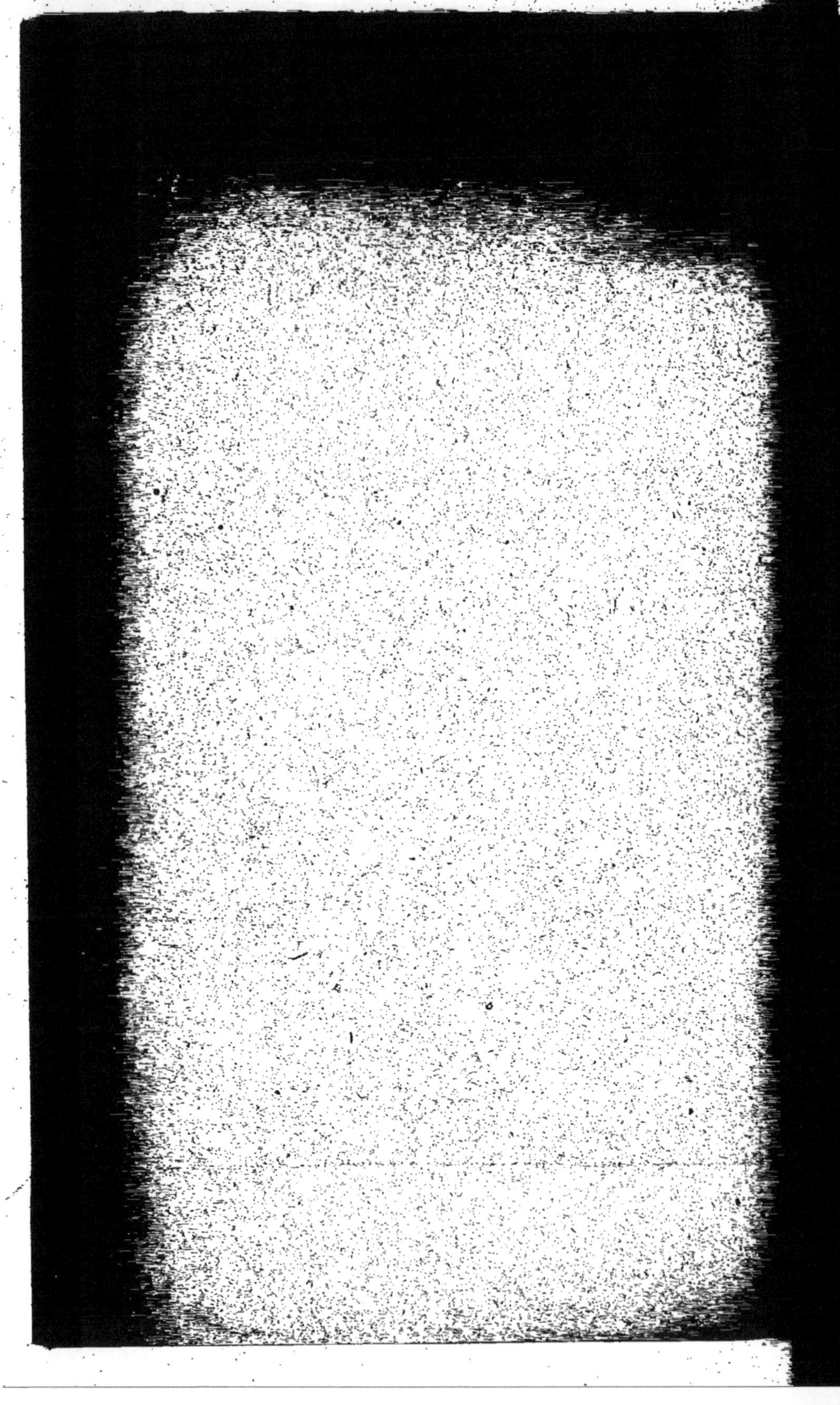

merveilleux la gloire et la puissance de son fidèle serviteur.

L'Institut qu'il avait fondé prit des développements extraordinaires. Cette œuvre admirable ne fut jamais plus forte et plus féconde que lorsqu'elle parut sans défense et livrée à sa propre faiblesse. Jamais non plus l'union, la ferveur et la subordination ne furent mieux établies au dedans.

Dès l'année 1724, la Société des Frères des Écoles Chrétiennes fut reconnue civilement par lettres patentes de Louis XV. En 1725, elle recevait une grâce plus grande encore : par une Bulle du pape Benoît XIII elle était approuvée solennellement et érigée en Ordre religieux.

Lorsque la tempête révolutionnaire éclata en France, les Frères des Écoles Chrétiennes se montrèrent dignes de leur Père, et refusèrent le serment schismatique. Cette fidélité inébranlable leur valut les honneurs de la persécution. Ils furent exilés. A l'époque du Concordat, ils purent rentrer en France et rouvrir leurs écoles.

Depuis lors, les services éminents que les Frères rendirent à la classe indigente et aux enfants pauvres furent tellement appréciés, que tous les pays du monde désirèrent posséder des maîtres si vertueux et si habiles. D'autre part, la divine Providence inspirait à un grand nombre de jeunes gens le désir de se dévouer à l'éducation de la jeunesse et de l'enfance.

En mourant, le pieux Fondateur avait laissé 23 maisons, 274 Frères et 9.885 élèves. Aujourd'hui son Institut compte près de 2.000 maisons, plus de 12.000 Frères, près de 400.000 élèves. Ses enfants, répandus dans toutes les parties de l'univers, font bénir le nom de JÉSUS-CHRIST chez tous les peuples, sous tous les climats et dans toutes les langues.

Pendant que la famille spirituelle de M. de la Salle se multipliait d'une manière étonnante, le tombeau du saint Fondateur devenait glorieux. A la demande d'un grand nombre d'évêques, la cause de béatification et de canonisation du serviteur de DIEU fut introduite à Rome. Le 8 mai 1840, le pape Grégoire XVI lui donna le titre de *Vénérable*. Le procès de béatification fut poursuivi; et au moment même où l'on examinait, à Rome, les écrits et les vertus héroïques du saint prêtre, de nouveaux miracles éclatèrent à son tombeau.

Une jeune fille de vingt ans, Victoire Ferry, qui était employée à l'hôpital général de la ville d'Orléans, fut victime d'un accident épouvantable. Une folle se jeta brutalement sur elle, la renversa et lui laboura le corps à coups de pieds. On crut qu'elle en mourrait sur l'heure : elle survécut pourtant, mais ce fut pour être tous les jours menacée de la mort. Ses souffrances faisaient pitié : elle restait parfois trois ou quatre heures comme une morte, dans les bras de sa mère; mais en 1844, tout parut décidément fini. C'est alors qu'on lui parla du Vénérable Jean-Baptiste de la Salle. Elle lit la *Vie* du serviteur de Dieu, et éprouve soudain une pleine confiance en ce puissant intercesseur. Elle l'invoque avec persévérance. Dans la nuit du 20 au 21 mai, elle entend la voix du Vénérable qui lui apparaît et lui dit :

— Tu es guérie.

Et elle était en effet complètement guérie.

En 1866, le Frère Adelminien dirigeait à Paris la communauté de Saint-Nicolas-des-

Champs. C'était un maître actif et dévoué, tout à sa communauté et à ses devoirs, et qui pouvait espérer de longues années de santé. Soudain un coup de foudre l'abat, sans qu'il y ait espoir de le pouvoir jamais relever. Ce coup de foudre, c'est une maladie incurable. Le Frère sentit qu'il n'avait de recours qu'en Dieu et en ses saints. Il quitte Paris et se traîne jusqu'à Rouen au tombeau du Vénérable. Le 5 janvier 1868, après une première neuvaine qui n'avait donné aucun résultat, le pauvre infirme en commence une seconde. Soudain il éprouve des douleurs atrocement aiguës qu'il ne connaissait pas. Il put croire que c'était la mort, ce fut la guérison : une guérison complète, instantanée, durable.

Un enfant âgé de onze ans, Étienne de Suzanne, faisait mal à voir : les médecins comptaient jusqu'à cent quarante pulsations à la minute, et son corps était tellement replié sur lui-même que le menton touchait aux genoux. Toute la famille désespérait de le sauver. Par bonheur, ses parents étaient de vrais chrétiens. Ils communiquèrent leurs angoisses au cardinal de Bonnechose.

— A votre place, leur dit le Cardinal, je demanderais la guérison de cet enfant au Vénérable de la Salle : Il vient de sauver le Frère Adelminien, et sauvera peut-être votre Étienne.

On commença une neuvaine.

— Je crois que je guérirai, disait l'enfant dès le troisième jour. Cependant les souffrances augmentaient de plus en plus. Qu'importe! l'enfant, de sa voix de poitrinaire, aimait à répéter :

— Je serai guéri à la fin de la neuvaine.

Puis, se tournant vers sa mère :

— Préparez-moi mes habits, disait-il, je veux aller à la messe.

Il y alla, en effet, au lendemain du neuvième jour, frais, alerte, dispos, guéri.

Après un long et minutieux examen, le 1er novembre 1887, le Souverain Pontife Léon XIII, promulgait la sentence qui approuvait le jugement de la Sacrée Congrégation des Rites reconnaissant l'authenticité des trois prodiges racontés ci-dessus.

Le 27 du même mois, Sa Sainteté décréta qu'on pouvait procéder à la béatification du vénérable Jean-Baptiste de La Salle, [illegible] donner le titre de *Bienheureux*.

Peu après, des Lettres apostoliques fixèrent au dimanche 19 février 1888 la célébration de cette solennelle béatification, à Rome, indiquèrent les collecte, secrète et postcommunion propres à la messe du nouveau Bienheureux, et déterminèrent la date du 4 mai pour sa fête annuelle, au rite double majeur, dans les diocèses de Reims, de Paris et Rouen, et dans toutes les chapelles des Frères.

Prière au Bienheureux JEAN-BAPTISTE DE LA SALLE

ORAISON DE L'ÉGLISE

Ô Dieu, qui pour donner l'éducation chrétienne aux pauvres, et pour enseigner la science aux petits, avez suscité le Bienheureux confesseur Jean-Baptiste, et formé par lui dans l'Église une nouvelle famille religieuse, accordez, nous vous en supplions, à ceux qui instruisent l'enfance chrétienne, de suivre toujours ses exemples et de ressentir les bienfaits de son intercession, par Jésus-Christ Notre-Seigneur. Ainsi-soit-il.

FIN

TABLE DES MATIÈRES

PRÉFACE. V

I. Naissance du Bienheureux, ses premières années (1651-1662). 7

II. Sa vocation. — Le pieux chanoine de Reims (1662-1670). 11

III. Ses études à Saint-Sulpice. — Il perd sa mère et son père (1670-1672). 15

IV. Sa préparation au sacerdoce. — Le saint prêtre (1672-1678). 19

V. Les commencements de son Œuvre (1679) . 23

VI. Formation de la Société des Frères des Écoles chrétiennes (1679-1681). 31

VII. Les épreuves (1682-1683). . . . 36

VIII. Le sacrifice (1683-1685). . . . 40

IX. Premières règles de l'Institut des Frères (1684). 46

X. Les vertus du Bienheureux. . . . 50

XI. Son humilité. 55

XII. Le Séminaire des maîtres d'école et le premier noviciat de l'Institut (1686-1687). . . 58

XIV. Maison de Vaugirard (1691-1697).

XV. Les Écoles de Paris (1698-1706). 75

XVI. Les Écoles de province (1699-1706). 80

XVII. L'École de Rome (1700). 85

XVIII. Les Écoles de Rouen (1705). 91

XIX. Nouvelles épreuves (1702-1712). 95

XX. Visite générale des maisons de l'Institut (1712). 100

XXI. Le Bienheureux à Mende et à Grenoble. — Son retour à Paris (1713-1714). 105

XXII. Élection du Frère Barthélemy, comme Supérieur général de l'Institut (1714-1717) 114

XXIII. Dernières années du Bienheureux (1717-1719). 120

XXIV. Dernière maladie et mort du Bienheureux (1719). 125

XXV. Sa glorification (1719-1888) 134

Lille. Typ. A. Taffin-Lefort. 1893.

www.ingramcontent.com/pod-product-compliance
Ingram Content Group UK Ltd.
Pitfield, Milton Keynes, MK11 3LW, UK
UKHW020912180726
13838UKWH00002B/511

9 782329 090962